漫游瑞士

藏羚羊旅行指南编辑部 编著

北京出版集团公司
北 京 出 版 社

图书在版编目（CIP）数据

漫游瑞士 / 藏羚羊旅行指南编辑部编著．— 北京：北京出版社，2016.8

ISBN 978-7-200-12312-8

Ⅰ．①漫… Ⅱ．①藏… Ⅲ．①旅游指南—瑞士 Ⅳ．①K952.29

中国版本图书馆CIP数据核字（2016）第163761号

漫游瑞士

MANYOU RUISHI

藏羚羊旅行指南编辑部　编著

*

北京出版集团公司
北京出版社　出版

（北京北三环中路6号）

邮政编码：100120

网　址：www.bph.com.cn

北京出版集团公司总发行

新华书店经销

三河市庆怀印装有限公司印刷

*

889毫米×1194毫米　32开本　7印张　230千字

2016年8月第1版　2016年8月第1次印刷

ISBN 978-7-200-12312-8

定价：39.80元

如有印装质量问题，由本社负责调换

质量监督电话：010-58572393

前言

湖光山色的人间仙境，永久中立、与世无争的乌托邦，是深植人心的瑞士印象。亘古不化的万年冰川、白雪皑皑的少女峰和马特峰、澄澈如镜的高山湖泊，触目所及尽是如梦似幻的完美风景。体验瑞士，除了用眼睛看，更要用身体感受。群山环绕中，用温泉疗养身心，体验夏季轻松的山麓健行，冬季滑雪的飙速快感，还可品尝芝士小火锅的浓郁，并搭乘景观列车飞驰于高山峡谷间。

除了自然景观及多样的活动，瑞士的人文景观也很丰富。拥有最多国际联合组织及企业的日内瓦，就像世界交流中心，苏黎世不但是全球四大金融中心之一，更于 2010 年被评为世界最适合居住的城市，首都伯尔尼古城早在 1983 年就被列入《世界遗产名录》，卢塞恩的卡贝尔木桥更是风景明信片。

瑞士的国土面积仅比我国台湾省大 1/3，却同时使用着四种语言，不到 3 个小时的车程，就能感受 4 种不同的文化风情。德语区构建出井然有序的瑞士印象；日内瓦湖畔可以悠闲品尝芝士和红酒，感受法语区的浪漫；热情奔放的意大利语区，是用阳光与棕榈树描绘出的度假天堂；诺曼语区代表小镇施库奥尔(Scuol)，色彩缤纷的房舍壁画带领游客走进童话世界。

本书将以瑞士好食、瑞士好买、瑞士世界遗产主题为开端，让读者快速建立瑞士印象。接着以苏黎世、卢塞恩、伯尔尼、少女峰地区、迈恩费尔德、库尔、洛伊克巴德、采尔马特、日内瓦、日内瓦湖区、卢加诺、贝林佐纳、洛迦诺等分区的形式提供交通、景点等实用资讯，帮助读者提前了解旅游目的地。

目录
contents

contents

目录

contents

味蕾旅行

瑞士好食

食物最能表现一个地区的生活与文化，以水质纯净而闻名的瑞士，自古畜牧业就相当发达，在阿尔卑斯山山麓旅行，最常见到牛群低头吃草的悠闲景色，可想而知瑞士人的日常饮食与牛脱离不了关系。用各种方式制作的牛肉料理和乳制品是瑞士菜的主角，光是一般超市售卖的芝士就有 100 多种，更不用说使用不同口味的芝士变化出的传统美食的数量了。难怪有人说，芝士是瑞士食物的灵魂。

芝士火锅

一锅融化的浓稠芝士在小火炉上微微冒泡，泛着淡鹅黄色的光泽，空气中饱满的芝士味混合酒香，挑动顾客每一条饥饿的神经。芝士火锅是瑞士最著名的必尝国菜，使用2~4种芝士放在白酒中加热融化，再用长叉插起切成小块的面包或整颗水煮小马铃薯，放入锅中蘸满芝士后一口吃下。为了避免吃太多芝士感到腻，通常会搭配酸黄瓜、腌渍小洋葱等小菜。

要注意的是，若是和瑞士人一起享用火锅，切忌让叉子上的面包掉入锅中，这是不礼貌的行为，要买一瓶白酒赔罪。此外，芝士火锅最好搭配白酒或热红茶，能助消化。

烤芝士

烤芝士是将专用芝士片放在使用电炉加热的小铁盘上，烤成半融化的浓稠状态，再将热腾腾的芝士刮下覆盖在切好的马铃薯、火腿片或培根上，搭配腌渍蔬菜一起食用。在餐厅点菜时，若只想尝尝味道可选择前菜，店家会直接端出已经烤好盛盘的芝士，若是点一份主餐，就会提供炉子和小铁盘，让顾客试试自己动手做的乐趣。比较讲究的传统餐厅，会由服务生端出一大块芝士到桌边为顾客服务，直接以加热后的钢刀切下芝士片，利用刀子的热度融化芝士。

阿尔卑斯焗通心粉

这道源于瑞士中部阿尔卑斯山区的经典菜，现在已发展到全国各地餐厅都能吃到。和其他瑞士传统菜一样，阿尔卑斯焗通心粉的原料少不了奶油、芝士和马铃薯，通常选用比较硬的Berkäse芝士、Appenzeller芝士或带点香草味道的Gruyere芝士，盛盘后再撒上酥炸洋葱丝增加香脆口感。最具画龙点睛效果的是搭配食用的肉桂苹果泥，酸酸甜甜的味道不仅有开胃的效果，与浓厚的奶香味能形成奇妙的搭配，浓郁中却又带点清爽。

炸肉火锅

炸肉火锅和芝士火锅的吃法相当类似，只是锅里装的不是汤也不是芝士，而是滚烫的油。肉类可以选择牛肉、猪肉或羊肉，使用特制的细长叉子叉起切成骰子状的小块肉，放进热锅里油炸，几分熟全凭自己控制，之后蘸上各种调味酱料食用。为了吃出多样变化的味道，一般餐厅会提供4~6种蘸酱，比较常见的有蛋黄芥末酱、莎莎酱、牛排酱、蘑菇酱等，并无限量提供种类丰富的腌渍蔬菜以降低油腻感。

芝士焗面包

从名称就能猜到这道德语区的瑞士菜的做法。通常会使用比较硬的圆面包做基底，切片后抹上奶油和白酒，铺上一层火腿或培根，再铺上 Raclette 专用芝士，送进烤箱焗烤，也可以在芝士上打颗蛋。味道和烤芝士类似，方便又快速，很适合作为中午的快餐，也因为分量及热量都十分充足，在山区特别受滑雪者或健行者的欢迎。

玉米糕

瑞士南部的意大利语区不只是建筑及文化，饮食习惯也深受北意大利的影响。玉米糕是意大利语区及北意大利常见的家常菜，做法是把玉米磨成粉末状，和着水、盐巴和牛奶调和后，烘烤、干煎成类似蒸糕的口感，也可以拌炒烹调成泥状，吃起来有点像玉米口味的燕麦泥，适合搭配肉类主食。在意大利语区的餐厅点红酒炖牛肉这类的炖肉料理，通常会附上玉米糕作为配菜。

奶油鲈鱼

瑞士是多湖的国家，不管哪个湖畔城市的淡水鱼料理都肉质滑嫩、鲜美无比，其中最出名的是日内瓦湖区限定的奶油鲈鱼。将现捞鲈鱼去骨切片，用奶油稍微嫩煎后，撒几滴柠檬就能品尝到鱼肉的鲜甜滋味。有些餐厅采用法式料理的做法，淋上特制奶油白酱，一口咬下，柠檬与意大利式香料的清香伴随奶油的浓郁在舌尖迸发，多层次的味觉飨宴令人意犹未尽。

马铃薯煎饼

瑞士人餐桌上的首要配菜就是马铃薯煎饼，尤其在德语区，几乎每道菜都会附赠。马铃薯煎饼以前是伯尔尼州农夫的饱食早餐，做法是将煮过的马铃薯刨粗丝，加上奶油、盐和胡椒简单调味，在平底锅中干煎，吃起来香香脆脆的，口感偏干，最适合搭配炖肉类的料理。

奶油牛柳

奶油牛柳是苏黎世地区发展出的牛肉料理，现在全国的瑞士菜餐厅都能品尝到。最传统的做法是使用小牛肉切成细长条状牛柳，混合洋葱、蘑菇拌炒，加上白酒和奶油白酱略微煨煮，最后以辣椒粉和柠檬汁提味。略偏咸的浓郁奶汁适合与马铃薯煎饼搭配享用。

伯尔尼盘

伯尔尼盘是各种肉类和腌制菜类的组合，包含熏猪肉、牛舌、猪蹄膀和香肠等肉类。分别以高汤烹煮或烤过后放在一起，蘸上黄芥末，再配上水煮马铃薯、酸味甜菜、酸菜等配菜一同食用，是伯尔尼地区农家冬天的家常菜，也是当地餐厅限定的特色料理。

最爱伴手礼

瑞士好买

提到瑞士必买的纪念品，一定会立刻联想到钟表、巧克力和瑞士军刀，其实瑞士以坚固耐用闻名世界的品牌商品不少，但瑞士人厉害之处不只在于控制产品质量，更能控制产品价格，所以除了款式齐全外，即使到当地购买也不见得比较划算。瑞士限定的手工巧克力或具有阿尔卑斯农家风味的商品，则是比较有地方特色的旅游纪念品。

钟表

瑞士钟表起源于 16 世纪的日内瓦，当时受到宗教迫害的新教徒由邻国逃到日内瓦，带来先进的专业制表技术，并结合了瑞士珠宝工艺，让当时的日内瓦因钟表业而富裕。17 世纪成立的日内瓦制表协会就是世界上第一个钟表同业公会。周围的汝拉山区域也随之发展钟表工业，19 世纪初瑞士钟表就占了世界钟表产量的 2/3。现在不管是结构复杂的高价机械表，或以轻薄平价、百变创意取胜的 Swatch 都非常受欢迎，但只有出产、组装及完工检测都在瑞士完成的手表，才能被赋予瑞士制造（Swiss Made）的高质量标志。

瑞士军刀

卡尔·艾斯纳（Karl Elsener）因应瑞士陆军的需求，在 1884 年设计出一款携带方便的多功能随身小刀，没想到推出之后大受欢迎，于是他正式申请专利并注册公司，并以其母亲的名字“Victoria”为公司命名。后来不锈钢材质运用于刀具制作，在名称中加入不锈钢（inox）的元素，于是瑞士军刀最大品牌 Victorinox 诞生。瑞士军刀功能多种多样，最新款式还加入了随身碟，造型上也多样，许多商店还提供刻字服务，可以说是瑞士游客人手一件的纪念品。

星期五包（Freitag）

Freitag 是创立于苏黎世的防水帆布包，常被翻译成星期五包，但 Freitag 其实是老板 Markus 与 Daniel 两兄弟的姓氏。Freitag 兄弟二人都是设计师，年轻时到苏黎世闯天下，骑自行车带着自己的作品四处奔波，经常被突如其来的大雨淋得一身湿。于是他们突发奇想，以货车外覆盖的防水帆布作为材料，以安全带作为背带，以自行车内胎作为布面边缘，缝制出充满工业味的防水肩包。

资源回收的奇特创意、防水坚固的料质特性、功能实用的夹层设计、绝不撞包的独一无二，使 Freitag 立刻成为欧洲反主流年轻人的最爱，而包也取代了原本装在包里面的东西，成为 Freitag 兄弟最主要的设计作品。

巴利（Bally）

1850 年，瑞士弹性丝带制造商卡尔・弗兰茨・巴利（Carl Franz Bally）到巴黎出差，想要买鞋送给爱妻，却因为忘了尺寸而将同一款式的所有尺寸全部买回。这位温柔浪漫的男人从此对鞋子深深着迷，第二年便于家乡舒伦活小镇经营制鞋生意。短短 20 年内，巴利在欧洲制鞋业中就占据了举足轻重的地位，现在更成为世界知名的百年名牌。巴利典雅隽永、方便穿着搭配，且不易过时的设计，广受高品位人士的喜爱。

Sigg 随身瓶

1908 年，原本只是瑞士生产锅具的小工厂，为了充分利用铝材剩料，将铝片冲压成简单的水壶，就是 Sigg 的前身。热销全球的 Sigg 水壶都是以 100%可回收利用的铝镁合金制成，一体成型、质轻耐用，所以特别受户外运动者的喜爱。现代感十足的流线瓶身和色彩鲜艳的设计图样，甚至被纽约现代艺术博物馆收入作为馆藏。

手工巧克力

瑞士是牛奶巧克力的发源地，种类多样、价格适中的品牌巧克力，最适合当作伴手礼。但想深入了解瑞士巧克力的魅力，不能错过百年老店的手工巧克力，除了专注于用料、温度等每个流程的掌控，每家店的独门配方也各有熟客拥护。此外，每个季节皆有不同的主题，例如春天，不论在哪个品牌的巧克力店里，都可以看到瓢虫、兔子或是复活节彩蛋造型的巧克力，这成为同业间约定俗成的传统。

羊毛毡

羊毛毡其实是一种传统的织品，利用羊毛纤维的特性，经过加热、润滑、加压的过程，让一根根细而弯曲的羊毛纤维缠在一起，扎实而容易塑形。阿尔卑斯山区的特色纪念品之一就是以羊毛毡为原料缝制的各种商品，灰色羊毛毡搭配瑞士国旗，手感温暖质朴，受到女性游客的欢迎。羊毛毡包属于地区限定商品，只有少女峰地区才找得到。

牛铃

阿尔卑斯山上的牧民为了方便管理牛群，将大大的牛铃挂在母牛脖子上，通过铃声辨识自家的牛群，避免牛走失。每户人家牛铃的大小和薄厚不同，所以有的清脆悦耳，有的低沉浑厚。传统的做法是将铁皮烧红后，手工打制焊接，牧民根据当地民俗，在牛铃上绘制或雕刻不同图案。牛铃是最有瑞士风味的纪念品，纪念品商店找得到各种尺寸的牛铃，常见的图案有阿尔卑斯小白花、瑞士国旗、地区地标性景点等。

木雕

瑞士山区的冬天很长，农民闲暇之余利用外围广大林地的自然资源，在木头上敲敲打打，逐渐发展出木雕雕刻创作的手工艺商品。想要把木雕纪念品带回家，最好在少女峰地区的商店寻找，特别是有“木雕之乡”美名的布里恩茨小镇，种类多样，雕工也较细致。木雕的主题很多，具有阿尔卑斯山区特色的小牛、圣伯纳犬最受游客欢迎。

国旗商品

鲜红底色搭配大大的白色十字，线条利落简洁的瑞士国旗印在各式各样的商品上，就是最能代表瑞士特色的纪念商品。由瑞士国旗图案衍生出的商品种类相当丰富，衣服、水壶、钢笔、牛铃、背包等，而且在全国各地都买得到，所以建议等到旅行的最后一天再进行选购。

感受人文历史

瑞士世界遗产

在瑞士，有 3 项世界自然遗产和 7 项世界文化遗产，其文化遗产保存的完整性可见瑞士人对其的重视程度。2009 年 7 月，新的《世界遗产名录》公布，瑞士的拉绍德封与勒洛克勒的钟表城镇被列入《世界遗产名录》，对于以钟表精细工业享誉国际的瑞士来说，也是实至名归。至于瑞士的自然遗产，最为人熟知的当然非少女峰莫属，纯净无瑕的少女峰景致，每年吸引了无数游客。

1 少女峰地区与阿莱奇冰川
Swiss Alps Jungfrau-Aletsch

●2001 年，自然遗产

海拔超过 4000 米的少女峰、僧侣峰（Mönch）及艾格峰（Eiger），在阿尔卑斯山的中心地带连成一片壮丽的山色，尽管上山览胜的游客日益拥挤，但在壮阔而神秘的大自然面前，伟大的人类也变得渺小起来。与少女峰一同被列入《世界遗产名录》的，还有全欧洲最大的阿莱奇冰川，冰川总长达 23 千米，面积超过 120 平方千米，从少女峰南侧一直延伸到罗讷河谷地（Rhone Valley），堪称上帝在阿尔卑斯山最经典的杰作。

2 萨尔多纳地质构造区
Swiss Tectonic Arena Sardona

●2008 年，自然遗产

瑞士的萨尔多纳地质构造区位于偏东北的区域，涵盖山地范围广达 328.5 平方千米，其中包括 7 座海拔在 3000 米以上的山峰。萨尔多纳地质结构区最重要的价值，便在于它展现了因大陆板块碰撞而引发的剧烈造山运动地质结构，这一带有许多暴露在外的地层断面，清楚地呈现出地壳构成的推挤过程。原本位于深处的古老岩层被推挤进表层的年轻岩层之中，而这里特殊的地形正好可以让地质学家们透过三维的角度来研究此现象。这样的特征在格拉鲁斯地区（Glarus）特别明显，也使此区域自 18 世纪以来便是研究地球科学的重镇。

3 圣乔治山
Monte San Giorgio

●2003 年，自然遗产

瑞士意大利语区南部的圣乔治山，拥有三叠纪中期（约 2.45 亿年到 2.3 亿年前）完整而丰富的海洋生物化石，展示了古时爬行类、鱼类、鹦鹉螺、甲壳纲等生物曾在此生存的证据。也因为这个潟湖靠近陆地，化石中也包含了许多陆地上的物种，诸如爬行类、昆虫及植物等，记录了这一地区远古时期的地理环境，形成了非常珍贵的化石宝库。

4 伯尔尼古城

Old City of Berne

● **1983 年，文化遗产**

瑞士的首都伯尔尼，在中世纪时曾是极具影响力的城市，当初为了遮风避雨而兴建的拱形骑楼，总共长达 6 千米，现在成了知名的精品购物大街。伯尔尼古城保存完整，原有的 100 多处泉眼至今有 10 多处仍维持原貌。这座古城早在 1983 年就被联合国列入《世界遗产名录》，因此登高眺望古城风景时，完全看不到任何一座现代建筑掺杂其中，清一色的中世纪街景，完整封存了伯尔尼辉煌的历史面貌。

5 圣加伦修道院

Convent of St Gallen

● **1983 年，文化遗产**

自公元 8 世纪到 19 世纪，最初由卡洛林王朝所建的圣加伦修道院一直是欧洲最重要的修道院之一，其附属的图书馆更拥有世界上最丰富、最古老的馆藏。1755—1768 年，修道院被重建成巴洛克式的风格。圣加伦修道院的教堂和图书馆反映了 12 个世纪以来的人类活动，是相当珍贵的文化遗产。

6 米施泰尔的本笃会圣约翰女修道院

Benedictine Convent of St John at Müstair

● **1983 年，文化遗产**

位于意大利边境的米施泰尔的本笃会圣约翰女修道院，拥有绘于公元 800 年左右的卡洛林时代的至今仍保存得相当完整的壁画。这些壁画于 19 世纪对修道院进行修缮时才被发现，内容以描述基督耶稣的生平故事为主，其中《最后的审判》是年代最为悠久的作品。目前修道院的一部分已改建为博物馆，开放给游客参观。

7 贝林佐纳的三座城堡及城墙

Three Castles, Defensive Wall and Ramparts of the Market-Town of Bellinzona

● **2000 年，文化遗产**

位于提契诺谷地的贝林佐纳，为意大利与阿尔卑斯山山麓间的交通要道，早在罗马时代就是军事要地。在米兰大公国统治时期，为了掌控南北出入交通，公爵们陆续扩建山丘上的大城堡，并在公元 13—15 世纪，先后增建了蒙特贝罗城堡与科尔巴洛城堡，以及包围贝林佐纳城区的城墙。虽然最后提契诺地区仍不敌骁勇善战的瑞士军队，划归进入瑞士版图，但这处城堡群在历史上的意义重大。公元 2000 年时，大城堡、蒙特贝罗城堡、科尔巴洛城堡及其所属城墙，也一起被列入《世界遗产名录》，成为世界级的古迹之一。

8 拉沃葡萄园
Lavaux, Vineyard Terraces

● **2007 年，文化遗产**

日内瓦湖区的沃州（Vaud）是瑞士第二大葡萄酒产地，这一带共有 26 个葡萄园区，这处沿着日内瓦湖北岸种植的拉沃葡萄园，据称历史可追溯至罗马军队占领时期，也有人说最早是从中世纪才开始酿酒，而目前在斜坡上将近 30 千米长的种植地，则是始于 11 世纪。联合国教科文组织在 2007 年宣布将拉沃葡萄园梯田列入《世界遗产名录》。

9 阿尔布拉—贝尔尼纳阿尔卑斯山铁道
Rhaetian Railway in the Albula/Bernina Landscapes

● **2008 年，文化遗产**

兴建于 20 世纪初的阿尔布拉—贝尔尼纳阿尔卑斯山铁道，是瑞士建筑学、工程学与环境概念相结合的高度成就。这一整段铁路总长约 128 千米，一共穿越 55 个隧道与长廊以及 196 座桥梁与高架公路，让原本隔绝于崎岖山麓中的孤立区域，相互间的交通往来从此变得便利起来。阿尔布拉—贝尔尼纳阿尔卑斯山铁道更难能可贵的地方在于，它虽然突破了地形上的障碍，却没有破坏原本的自然景观，反而与整个环境和谐地融合在一起。

10 拉绍德封与勒洛克勒的钟表城镇
La Chaux-de-Fonds/Le Locle, watchmaking town planning

● **2009 年，文化遗产**

位于瑞士偏远地带的侏罗山脉是瑞士钟表的大本营，拉绍德封与勒洛克勒这两座相邻的城镇由于土壤贫瘠，因此从 17 世纪开始便致力于无须地力的钟表工业。其城市由平行伸延的屋舍所构成，住宅与工坊交互混合，充分反映出钟表制造的理性需求结构。如今拉绍德封与勒洛克勒已成为单一制造业城市的最佳典范，不但保存完整，同时还顺应了时代的变迁，直到现在都还良好且蓬勃地运作着，因而成为瑞士的宝贵遗产。

11 阿尔卑斯地区史前湖岸木桩建筑
Prehistoric Pile dwellings around the Alps

● **2011 年，文化遗产**

分布在阿尔卑斯山区域的史前湖岸木桩建筑遗迹群，有 111 处正式被保护，56 个点在瑞士境内，其余则分散于奥地利、法国、德国、意大利及斯洛文尼亚境内。湖岸木桩建筑出现于公元前 5000 至公元前 500 年间，分属于阿尔卑斯山区近 30 个部落中，搭建在湖泊、河流或湿地边缘，这些遗址提供了该地区居民在早期农业社会时适应环境的生活方式的重要考古学证据。

苏黎世

苏黎世的多姿多彩在所有城市中可谓独树一帜，新鲜自然的空气、清澈纯净的湖泊、远处的阿尔卑斯美景、可以饮用的喷泉泉水、舒适便利的生活设施与悠闲缓慢的节奏步调，让苏黎世在世界最佳居住城市（World’s Most Livable Cities）的排行榜上蝉联榜首地位。

虽然早在2000多年前，罗马人就已在这里建立税关，但苏黎世却直到公元929年才被正式记载为独立城镇。此后，各式商会统治了苏黎世一段时间，这也就是现在每年4月第3个周一——苏黎世春鸣节（Sechseläuten）中穿着传统商会服饰游行的由来。1877年，苏黎世证券交易中心成立，随着其逐渐跃升为全球第四大证券交易所，苏黎世也转型成为全球举足轻重的商业城市，而这里的魅力也因此扬名四海，各式高消费的精品应有尽有。

虽然是商业气息浓厚的国际都会，苏黎世却不同于一般充斥着高楼大厦的现代大城市，市中心的旧城区至今还是欧洲古典风格。一家家艺廊、古董店和个性餐厅，将这里点缀得十分时髦、有趣，而热闹繁华的夜生活，也在入夜后为苏黎世掀起另一波高潮。集传统与现代于一身的苏黎世，就等你亲自来一一体会它的多元之美。

苏黎世交通

如何到达——飞机 

苏黎世机场是瑞士的主要机场，有超过70家航空公司的航班，其航线连接世界各地170多座城市。从中国飞往苏黎世的航空公司包括瑞士国际航空、奥地利航空、泰国航空、乌克兰国际航空、海南航空、法国航空等。

在瑞士境内50多座城的中央车站，可以办理苏黎世机场的登机手续，起飞前24个小时可以办理登机手续，还提供行李托运服务，详情请见瑞士国铁网站。

苏黎世国际机场

www.zurich-airport.com

瑞士国铁

www.sbb.ch/check-in

如何到达——火车 

每天有超过1 900辆火车会经过苏黎世中央车站往来瑞士及欧洲各大城市。从卢塞恩直达苏黎世只需50分钟，从伯尔尼直达苏黎世只需1小时左右，从日内瓦直达苏黎世的IC列车则约3小时。

火车票可以在火车站的售票机购买，但想要乘火车游玩瑞士的游客，最好先在欧洲铁路公司中国售票处提前购买。

欧洲铁路公司

www.europerail.cn

苏黎世中央车站

www.sbb.ch

如何到达——机场至市区交通 

火车

苏黎世机场购物大楼的地下即是火车站（Zürich Flughafen Station），可搭乘通勤电车（S-Bahn）的S2、S16，或IC、IR等火车抵达苏黎世中央车站（Zürich HB），车程只需10分钟。平均每10分钟就有1

班列车，相当便捷。机场至中央车站的火车票，成人单程头等座 10.6 瑞士法郎，二等座 6.4 瑞士法郎，持有效的瑞士通票可免费搭乘，如果不想使用瑞士通票，且一天内需多次搭乘大众运输工具，也可以考虑直接购买苏黎世卡（Zürich Card）。售票口就在航空公司报到柜台的第三区旁（Check-in 3 area），售票时间为6:15-22:00，其他时间可使用自动售票机购票。

轻轨

从苏黎世机场也有轻轨电车系统（Tram）的 Tram 10 通往老城区，终点为苏黎世中央车站，车程约 50 分钟，平均每 7.5~15 分钟 1 班车，虽然比较耗时，但若是目的地在轻轨沿线附近的话，搭乘轻轨也是不错的选择。轻轨电车搭乘处在机场大楼入口的巴士站旁。

出租车

出租车招呼站在第一、二航站楼入境处的出口，搭出租车到苏黎世市中心需 20 分钟，车费约 50 瑞士法郎。

市区交通

大众运输系统

苏黎世的主要观光景点都集中在老城区，一般而言，用徒步的方式便可走遍全城。若是不想走路，或是要前往比较远的地方，也可搭乘路面轻轨电车。苏黎世的路面轻轨电车有 14 条路线，范围遍布全市区，而前往郊区或邻

近的城市则可搭乘通勤电车。苏黎世各类型大众交通工具都采用相同的购票机制，车票在各大广场售票亭均有售卖。搭乘电车也可在站牌旁的自动售票机购票，若只前往一个地点，按黄色按钮，并投入 2.6 瑞士法郎，即可取得祟券。

如果一天之内多次搭乘，购买一日券较为划算，也可省去不少买票的时间。一日券（1 ~ 2 区）票价：成人为 13.6 瑞士法郎（头等座）或 8.2 瑞士法郎（二等座）；6~16 岁儿童为 9.6 瑞士法郎（头等座）或 5.8 瑞士法郎（二等座）。取票之后，在首次使用之前必须到车站或车上的印章机打上启用，一日券有效期从印章标记时间算起为 24 小时。若持有瑞士通票，则可免费搭乘所有大众交通工具。

游船

搭乘苏黎世湖游船的码头在车站街（Bahnhofstrasse）尽头的比尔克利广场（Bürkliplatz），4—10 月期间有许多不同的行程和船种可供选择，包括利马特河（Limmat River）的游河船、附有餐点的吉士火锅巡航（Cheese Fondue Cruise）、早午餐巡航（Brunch Cruise） 等。2~4 小时的中长程行程往返票价，成人为 38.8 瑞士法郎（头等座）或 23.6 瑞士法郎（二等座）、6~16 岁儿童为 19.4 瑞士法郎（头等座）或 11.8 瑞士法郎（二等座）。1.5 小时的短程行程往返票价，成人为 8.2 瑞士法郎、6~16 岁儿童为 4.1 瑞士法郎，11:00-19:30 间每 0.5 小时 1 班。利马特河游船往返票成人为 4.1 瑞士法郎、儿童为 2.9 瑞士法郎。使用瑞士通票或苏黎世卡可免费搭乘短程行程及游利马特河，详情请见官网。

苏黎世湖游船公司

Zürichsee Schifffahrts-gesellschaft（ZSG）

☎ (0)44 487 1333

www.zsg.ch

观光巴士

想以乘坐观光巴士的方式游历苏黎世老城，可以参加当地的城市导览行程。The Zürich Trolley Experience 搭乘的是别具特色的半开放式 Classic Trolley，每日 9:45、12:00、14:00 从 Sihlquai 巴士站出发（在中央车站西边过河处），全程 2 小时，附有英语导览，以及 2 处下车拍照的景点。The Best of Zürich 行程则是乘坐舒适的冷气巴士，每日 13:00 从 Sihlquai 巴士站出发（4—10 月加开 10:30 的班次），全程 2 小时，附有中文耳机导览、3 处下车拍照的景点，并包含短程的市区散步行程。这两个行程都可以在游客中心购票，成人 34 瑞士法郎，16 岁以下的儿童 17 瑞士法郎，建议事先电话或上网预订。

巴士站

🏠 Ausstellungsstrasse 15, 8005 Zürich

☎ (0)44 229 5050

汉斯迈耶旅行社

☎ (0)44 215 4000

🖱 www.zuerich.com

出租车

在苏黎世搭乘出租车，必须到出租车招呼站或以电话叫车，出租车起表价为 6 瑞士法郎，2 千米后每千米增加 3.8 瑞士法郎。要注意的是，叫车有时需支付额外的叫车费用。以下是一些常用的出租车叫车电话。

Best-Link

☎ (0)44 215 4473

Taxi 444 AG

☎ (0)44 444 4444

Tixi（身障协助）

☎ (0)84 800 2060

租车

Avis

☎ (0)44 296 8787

www.avis.ch

Budget

☎ (0)44 450 7535

www.budget.ch

Europcar

☎ (0)44 804 4646

www.europcar.ch

Hertz

☎ (0)44 242 8484

www.hertz.ch

National Car Rental

☎ (0)800 55 7021

www.nationalcar.com

Sixt

☎ (0)44 445 9090

www.sixt.ch

苏黎世卡

持有苏黎世卡除了可以搭乘市区所有大众交通工具外，还可以免费进入 49 家博物馆、美术馆，享受 18 家特定餐厅的餐饮优惠，还可享有游客中心的市区观光 5 折优惠。苏黎世卡可在机场、火车站、游客中心、游船码头及多家旅馆购买。24 小时苏黎世卡的价格，成人为 20 瑞士法郎、6~16 岁儿童为 14 瑞士法郎；72 小时苏黎世卡的价格，成人为 40 瑞士法郎，儿童为 28 瑞士法郎。若是持有瑞士通票（须在有效日期内），因为可以免费搭乘所有大众交通工具及参观全国 445 家博物馆，因此不需要购买苏黎世卡。

www.zuerichcard.ch

旅游咨询

苏黎世游客服务中心

Im Hauptbahnhof, 8021 Zürich（中央车站一楼）

(0)44 215 4000（游客服务）
(0)44 215 4040（饭店订房）
(0)44 215 4088（市区导览）

旅客服务：11 月 1 日至次年 4 月 30 日周一至周六 8:30–19:00，周日 9:00–18:30；5 月 1 日至 10 月 31 日周一至周六 8:00–20:30，周日 8:30–18:30

订房及导览服务：周一至周五 8:00–19:00，周六至周日 8:00–12:00、13:00–17:00

www.zuerich.com

沙夫豪森游客服务中心

Herrenacker 15, 8201 Schaffhausen

(0)52 632 4020

5—9 月周一至周五 9:30–18:00，周六 9:30–16:00，周日 9:30–14:00；10 月至次年 4 月周一至周五 9:30–17:00，周六 9:30–14:00（10 月至次年 4 月周日休息）

www.schaffhauserland.ch

在沙夫豪森有中文导游

莱茵河畔石丹游客服务中心

Oberstadt 3, 8260 Stein am Rhein（市政厅广场附近）

(0)52 742 2090

周一至周五 9:30–12:00、13:30–17:00，5—9 月周六 9:30–12:00、13:30–16:00

www.steinamrhein.ch

精华景点

苏黎世大教堂
(Grossmünster)

必游之地 MUST-VISIT PLACES

Grossmünsterplatz, 8001 Zürich

搭 Tram 4、15 至 Helmhaus 站即达

(0)44 252 5949

教堂：3—10 月 10:00-18:00；11 月至次年 2 月 10:00-17:00（周日早上 10:00 为弥撒时间）

高塔（Karlsturm tower）：3—10 月周一至周六 10:00-17:00，周日 12:30-17:30；11 月至次年 2 月周一至周六 10:00-16:30，周日 12:30-16:30

教堂：免费。高塔：4 瑞士法郎

www.grossmuenster.ch

大教堂的双塔在利马特河畔矗立着，形成一幅美丽的图画，也成了苏黎世老城区最重要的象征。公元 9 世纪初，统治欧洲大陆的查理曼大帝（Charlemagne）曾在此地发现两位苏黎世圣人的墓穴，因而下令依照《圣奥斯汀会规》兴建一座教堂，这座教堂便是今日苏黎世大教堂的前身。不过，现今所见的苏黎世大教堂的建筑结构，是 11 世纪末到 12 世纪初形成，而教堂内的地窖则是其最古老的部分。

16 世纪时，神学家慈运理（Huldrych Zwingli）便是以苏黎世大教堂为根据地，大力推行宗教改革，使苏黎世成为宗教改革初期的新教重镇。他曾在此提倡“祷告不忘工作（Pray and Work）”的主张，而这样的新教理论也直接促成了近现代西方的资本主义出现。

现今来到大教堂，除了罗马式的地窖与主祭坛外，最值得一看的便是由瑞士本地画家奥古斯托·贾克梅提（Augusto Giacometti）于 1932 年所绘制的彩绘玻璃窗。而大教堂青铜大门上刻画着大教堂历史的浮雕，则是于 1935—1950 年出自德国雕刻家奥图·孟许（Otto Münch）之手。

馥劳大教堂
(Fraumünster)

Stadthausquai 19, 8001 Zürich

搭 Tram 2、6、7、8、9、11、13 至 Paradeplatz 站下车，沿 Poststrass 东行即达

(0)44 221 4100

4—10月10:00–18:00，11月至次年 3 月10:00–16:00（周日早上 10:00 为弥撒时间）

免费

www.fraumuenster.ch

教堂内禁止拍照

有着高耸纤细尖塔的馥劳大教堂（Fraumünster），隔着利马特河与大教堂对望。这座教堂于公元 853 年在查理曼大帝之孙——日耳曼的路易（Louis the German）的赞助下兴建，作为日耳曼南部贵族女子的修道院使用。馥劳大教堂因为其尊贵的背景，甚至在 13 世纪之前都还享有铸造钱币的特权。不过宗教改革之后，这里成为新教的据点，教堂卸下华丽的装扮，只留下朴实无华的圣洁气息。然而，来馥劳大教堂参观的游客依然络绎不绝，最主要的原因是观赏唱诗班席位后方的五条彩绘玻璃窗与南面袖廊的玫瑰窗，其大胆丰沛的色彩及像诗般流动的意象，让喜爱艺术的人一眼便能认出是当代超现实主义大师马克·夏卡尔（Marc Chagall）的作品。透过光线看教堂中的《圣经》人物，美丽而又不失庄严，直视人的内心深处。如果你坐在席位上静静欣赏，更能品味这独特的意境。至于北面袖廊的彩绘玻璃窗也同样出自名家之手，那是于 1945 年由瑞士画家奥古斯托·贾克梅提（Alberto Giacometti）所绘。

除了彩绘玻璃之外，馥劳大教堂内的管风琴也同样值得一看，有着 5 793 根音管的巨大管风琴，是整个苏黎世中最大的一架。由现代画家保罗·波德马（Paul Bodmer）所绘的一系列湿壁画，也是参观教堂时的一个重点。

圣彼得教堂 (Kirche St. Peters)

- St.-Peter-Hofstatt, 8001 Zürich
- 搭 Tram 2、6、7、8、9、11、13 至 Paradeplatz 站下车，沿 In Gassen 东行，走上往林登霍夫山丘的阶梯即达。或搭 Tram 4、15 至 Rathaus，过桥后即抵达
- 周一至周五 8:00-18:00，周六 9:00-16:00，周日 11:00-16:00（周日早上 10:00 为弥撒时间）
- 免费
- www.st-peter-zh.ch
- 每月第一个周六有风琴音乐会

和苏黎世大教堂、馥劳大教堂并立的圣彼得教堂是苏黎世最古老的教区教堂，其建造年代可能早于公元 800 年，但教堂之名首次出现在历史文献上是在公元 857 年，那一年东法兰克国王日耳曼的路易将此地送给他的两个女儿。1345 年，苏黎世的第一任市长鲁道夫·布朗（Rudolf Brun）获得了这座教堂，并在去世后被葬于教堂的唱诗席下方。

教堂在建筑上的特色，包括晚期罗马哥特式的教堂尖顶和 13 世纪早期风格的唱诗席等。不过，教堂最引人注目的，还是钟塔上直径长达 8.7 米的巨大钟面，这也使圣彼得教堂成为苏黎世最重要的地标之一。

瑞士联邦理工学院 / 苏黎世大学 (ETH/ Universität Zürich)

Rämistrasse 101, 8092 Zürich

从中央车站向东步行过桥，即可抵达山下缆车站。或搭乘 Tram 6、9、10 于 ETH/Universitätsspital 站下车

缆车：每 3 分钟 1 班

缆车：成人 2 瑞士法郎，使用瑞士通票或苏黎世卡免费

www.ethz.ch（联邦理工学院）
www.uzh.ch（苏黎世大学）

成立于 1864 年的瑞士联邦理工学院（Eidgenössischen Technischen Hochschule, ETH）位于老城后方的山丘上，主建筑是由建筑系教授所设计，新古典式建筑的雄伟立面，即使远在利马特河对岸也能看到。旁边的苏黎世大学则是 50 年后成立的。

联邦理工学院前方是面积广大的观景平台，年轻的学生们常常聚在长椅或阶梯上看书、聊天，从这里向下俯瞰，映衬着远方阿尔卑斯山脉的苏黎世湖、老城区鳞次栉比的屋瓦，以及教堂尖塔勾勒出的天际线一览无余，建议上午顺光时段前往，较适合拍照。若是想到山上看风景，可以从老城区的中央广场搭乘登山铁道缆车（PolyBahn），只需 2 分钟车程，可爱的红色小火车就会将你送到山丘上的车站。

林登霍夫山丘 (Lindenhof)

At the top of Fortunagasse

搭 Tram 6、7、11、13 至 Rennweg 站，沿 Kuttelgasse 东行，登上阶梯即达

全天

免费

必游之地 MUST-VISIT PLACES

在苏黎世老城的中心车站街与利马特河之间，有一处名为林登霍夫的小丘陵，那里曾经挖掘出 2000 年前罗马时代的税关遗址。罗马人当年在此设立关卡，看中的就是它居高临下的地势。

“Linden”在德语中意为椴树，林登霍夫山丘上就长满成排的老椴树。每当天气晴朗的假日午后，石墙上便坐满了赏景的人们，他们在凉爽的树荫下，静静欣赏着利马特河东岸高低错落的老城斜瓦，感受苏黎世传统街区的古典美。而苏黎世大教堂醒目的双塔、普雷迪格教堂（Predigerkirche）细瘦的绿色塔尖、远处的苏黎世大学主楼圆顶，也都清晰可见。

除了城市美景，在林登霍夫山丘上也能见识到苏黎世悠闲的市民娱乐活动。和瑞士其他的市民公园一样，这里的空地上也画有数个大型的西洋棋盘，对弈的人们搬动着如灭火器般大小的棋子厮杀，让这场对弈的阵势显得格外浩大。而一旁滚铁球（boules）的人们努力瞄准目标，要让自己的铁球比别人的更靠近标志物，这些都是当地常见的休闲活动。

苏黎世湖
(Zürichsee)

星级推荐

- Seebad Enge：Mythenquai 9, 8001 Zürich（搭Tram5至Rentenanstalt站）
- 搭Tram2、5、8、9、11至Bürkliplatz站下车即达
- Seebad Enge：(0)44 201 3889
- Seebad Enge：5月中旬至9月中旬9:00–19:00
- Seebad Enge：7瑞士法郎
- Seebad Enge：www.tonttu.ch

沿着车站街往南走到尽头，大约20分钟路程，就有远离城市的错觉，辽阔的苏黎世湖蓦地在眼前展开，让人心情也顿时舒畅了起来。远处映衬着阿尔卑斯山脉的湛蓝湖水波光潋滟，近前码头边的澄澈碧波也是清可见底，唯一的凌乱只是悠闲划水的天鹅身上脱落的羽毛以及它们所吃剩的饲料，很难令人相信这是拥有数十万人口的瑞士第一大城的港湾。

而苏黎世人当然也不会浪费这池干净的湖水与美景，除了各式帆船与水上活动之外，最吸引人的莫过于湖边的泳池。由于苏黎世湖的水质澄净到可以直接饮用，苏黎世人索性在湖面上用木质甲板搭建起天然湖水游泳池。在苏黎世湖边总计有26处这样的付费公众泳池，最有名的一处便是位于Seerestaurant Enge码头附近的Seebad Enge，白天人们可以在这个最亲近自然的泳池里恣意徜徉，到了夜晚，这里又会摇身一变，举办苏黎世最热门的鸡尾酒派对。

迈森会馆

(Zunfthaus zur Meisen)

Münsterhof 20, 8001 Zürich

搭 Tram 2、6、7、8、9、11、13 至 Paradeplatz 站下车，沿 Poststr 东行即达

(0)44 221 2807

周四至周日 11:00-16:00，周一至周三休息

3 瑞士法郎，16 岁以下、使用苏黎世卡或瑞士通票免费

www.nationalmuseum.ch

位于馥劳大教堂对面的迈森会馆，门口只有一面小小的告示板，以至于许多游客常常会忽略藏在这栋巴洛克式建筑里的精彩陶瓷工艺品。瑞士早期的瓷器皆是进口的，直到 1763 年，一群苏黎世市民在苏黎世近郊的吉锡贝格—修伦（Kilchberg-Schooren）一带创办了瑞士第一家窑场，瑞士才有了自己的陶瓷工艺品。然而由于市场环境低迷，加上尼翁（Nyon）的陶瓷业也同时兴起，使得苏黎世的陶瓷业在 1781 年便宣告结束，因此在这里展示的苏黎世瓷器可以说是“前无古人后无来者”，十分珍贵。

迈森会馆中的展示厅除了少许来自德国迈森及法国等地的瓷器外，大多数是瑞士本地生产的，包括苏黎世和尼翁出产的整组餐桌用具：碗、盘、茶杯、茶壶、碟子、汤锅等，丰富的造型、细致的图案、大胆的设计，都让人对苏黎世陶瓷工艺感到惊叹。而各式各样栩栩如生的人物瓷偶与绘制精巧的高大暖炉，也都令人印象深刻，加上展示空间的华贵布局，仿佛将游客带回苏黎世瓷器最辉煌的 18 世纪。

拜尔钟表博物馆

(Uhrenmuseum Beyer)

- Bahnhofstrasse 31, 8001 Zürich
- 搭 Tram 2、6、7、8、9、11、13 至 Paradeplatz 站下车，沿 Bahnhofstr 北行即达
- (0)43 344 6363
- 周一至周五 14:00-18:00
- 5 瑞士法郎（12 岁以下免费）
- www.beyer-ch.com
- 博物馆内禁止录像

位于拜尔钟表珠宝店地下室的拜尔钟表博物馆，虽然展示面积不大，但每一件收藏都令人大开眼界、啧啧称奇。这些原本都是拜尔家族第六代狄奥多•拜尔（Theodor Beyer）的私人珍藏，随着苏黎世政府禁止在地下室设立店铺，于是狄奥多在 1970 年利用这多余的空间向大众展示他的收藏。这里收藏的定时器，有公元前 1400 年的结绳计时，以及日晷、沙漏、教堂大钟、老爷钟、怀表，也有原子时代的新式钟表，可以说这里拥有一套完整的钟表族谱。

展示依类型及年代分门别类，除了瑞士本地的钟表，也有来自世界各地的精品。其中最让人爱不释手的，莫过于 18、19 世纪供中国贵族赏玩珍藏的机械钟，这些机械钟每一件都有不同的造型与巧妙，例如一座金碧辉煌的中国宝塔，每一层都有报时的东方走马灯；一只底部是钟面的金色鸟笼，每到整点，惟妙惟肖的活动机关就会让笼中的雀鸟“活”起来；而一座中国赌徒造型的钟，赌徒在整点时会开出手上的牌，运用钟体内的机关，使每次开出的牌都不相同，令人拍案叫绝。

瑞士国家博物馆

(Schweizerisches Landesmuseum)

Museumstrasse 2, 8001 Zürich

中央车站往 Landesmuseum 方向出口即达

(0)44 218 6511

周二至周日 10:00-17:00（周一休息）

成人 10 瑞士法郎，优惠票 8 瑞士法郎，16 岁以下、使用苏黎世卡或瑞士通票免费

www.landesmuseum.ch

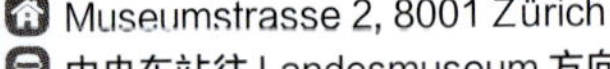

与一般博物馆为了宣扬国威而建成新文艺复兴的样式不同，这座瑞士首屈一指的历史博物馆建得就像一栋童话故事中的浪漫城堡。瑞士国家博物馆拥有全瑞士最完整的收藏，馆藏范围从新石器时代的原始人遗迹到工业革命时代的汽车，可以说是把瑞士数千年的历史都浓缩进这座博物馆里了。展品中，以中世纪骑士时代的文物、武器、手工艺品最为丰富，这当中也包含了不少原本收藏在中世纪教堂中的圣器、雕刻品、壁画等，以及早期塞尔特人的工艺杰作。同时，瑞士国家博物馆也经常和世界各地的博物馆合作，举办许多别出心裁的展览，对历史文化感兴趣的游客可以前往参观。

市立美术馆 (Kunst-haus)

- Heimplatz 1, 8001 Zürich
- 搭 Tram 3、5、8、9 至 Kunsthaus 站即达
- (0)44 253 8484
- 周二、六、日 10:00–18:00，周三至周五 10:00–20:00（周一休息）
- 成人 15 瑞士法郎，优惠票 10 瑞士法郎，周三开放免费参观。16 岁以下、使用苏黎世卡或瑞士通票免费
- www.kunsthaus.ch
- 特展部分需另购门票，也可购买联票

位于老城区的市立美术馆就在苏黎世大教堂以东不远处，其门口即有一座罗丹（Auguste Rodin）的著名雕塑“地狱之门”（The Gates of Hell）。美术馆的收藏包括从 15 世纪文艺复兴时期大师的作品，到后现代达达主义的作品，包罗万象。其中以瑞士本地艺术家阿尔贝托•贾克梅提（Alberto Giacometti）、费迪南德•霍德勒（Ferdinand Hodler）与亨利希・菲利斯（Johann Heinrich Füssli）的作品最受人瞩目。此外，孟克（Edvard Munch）等北欧表现主义画家的作品，这里的收藏量仅次于挪威，为世界第二。游客还可以在这里欣赏到印象派大师、现当代艺术家毕加索、马蒂斯、夏卡尔等大师的名作，让艺术爱好者能消磨半日的时光。

苏黎世西区 (Zürich West)

搭 Tram 4、13 在 Escher-Wyss-Platz 站下车
全天
免费
www.stadt-zuerich.ch/zuerich-west

苏黎世西区原本是工人阶级活动的工业区，坐落着许多大型工厂，过去在入夜之后街上几乎看不到行人，尤其在工业区外移后，这里更是笼罩在一片荒废与萧条的景象中。不过近几年来，随着大型电影院的进驻，原来的造船工厂（Scchiffbau-Halle）的厂房也已改建成艺术中心，苏黎世西区便脱胎换骨，成为年轻人聚集的超人气地区。数年来，这里吸引了无数来自国内外的年轻艺术家、文化工作者、新秀建筑师，共同将苏黎世西区打造成 21 世纪文化艺术与夜生活的新典范。粗犷的工业区厂房，被重新布置成新潮的小型剧院、表演空间、爵士酒吧、后现代设计餐厅与游乐场等，看似冷酷的街道，推开建筑物的大门，马上就是另一片潮流新天地。尤其是周五、周六的夜晚，苏黎世西区更是非常热闹，来自欧洲各地的年轻人纷纷涌入这里狂欢享乐，多彩多姿的夜生活，让无论是什么样的人都能在这里找到属于自己的场所。

高架铁道桥 (Viadukt Arches)

Viaduktstrasse, 8005 Zürich

搭 Tram 4、13 在 Dammweg 站下车

www.im-viadukt.ch

建于 1894 年的高架拱门铁道桥，像一把长长的利刃，将苏黎世第五区切割成两部分，东边是高级住宅及商业区，西边则变成社会底层劳工们活动的工厂区，后来又有娱乐产业进驻此区。近几年，在当地居民的推动及政府的协助下，铁桥下的空间被重新打造成有质感的创意商圈。36 个石造拱门下有餐厅、艺廊、创意家具店、设计师品牌服饰店等，黑色的主建筑物内部是农夫市集，有着二十几个来自苏黎世近郊的农夫带来新鲜的农产品。现在，高架铁道桥成了市民周末逛街散步的好地方，来这儿走走，还能不时看到火车从上空呼啸而过。

泛利大厦 (Prime Tower)

Hardstrasse 201, 8005 Zürich

星级推荐

搭 Tram 4、13 在 Escher-Wyss-Platz 站下车即可看到

(0)62 213 0606

primetower.ch

飞机降落前，如果有机会坐在窗边望向苏黎世市区，目光一定会被这栋拔地而起的高楼所吸引。泛利大厦虽然只有 36 层楼高，却已经是苏黎世最高的大楼。坐落在以前工厂林立的苏黎世西区，其前身是齿轮工厂，现在则是一栋新潮的商业办公大楼。前卫的多角造型玻璃帷幕如一面高耸的长镜子，映照着西区的夜生活，也映照着老城的古典建筑。顶楼是相当受欢迎的餐厅和酒吧，可以眺望整个苏黎世市区和远处的阿尔卑斯山脉。

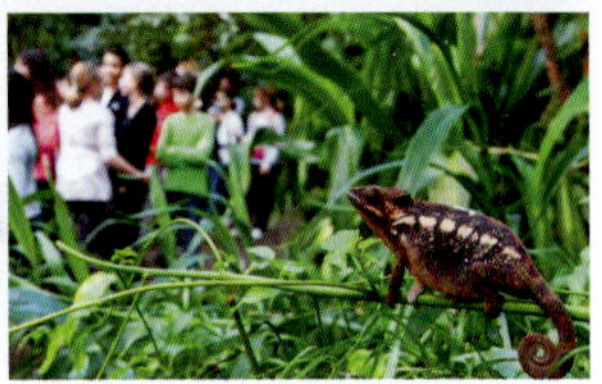

苏黎世动物园热带雨林温室 (Masoala Rainforest at the Zoo Zürich)

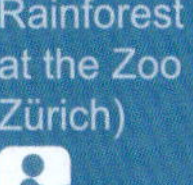

- Zürichbergstrasse 221, 8044 Zürich
- 搭 Tram 6 至 Zoo 站下车即达
- (0)44 254 2505
- 3—10 月 9:00-18:00（雨林温室为 10:00-18:00），11 月至次年 2 月 9:00-17:00（雨林温室为 10:00-17:00）
- 成人 22 瑞士法郎，16~25 岁 16 瑞士法郎，6~16 岁 11 瑞士法郎，6 岁以下免费。持苏黎世卡有 10% 的折扣
- www.zoo.ch
- 热带雨林团体（20 人以上）导览每人另需支付 4 瑞士法郎导览费，需提前预约

苏黎世动物园中最珍贵的就是热带雨林温室，这是一个以生态保育为出发点，与非洲马达加斯加国家公园合作的计划案，园方从马达加斯加空运了 4 700 多株雨林树苗与各种雨林动物来到苏黎世进行栽植与复育，才有了这个占地 11 000 平方米的热带雨林温室，而苏黎世动物园也会将温室门票收入的 30% 回馈给马达加斯加国家公园，用来成立雨林保育基金。

这座热带雨林在温度、湿度上，都与真正的热带雨林十分神似。这里最为珍贵的就是各种濒临绝种的猴狐，行走在环绕着雨林的步道上时，不妨屏息凝视、缓步前进，仔细往林间寻找就可以看到这些可爱猴狐的身影。有时，猴狐还会爬到温室屋顶上乘凉，样貌十分惹人怜爱。除了一般开放时间外，园方还提供预约制的团体导览解说，可以让游客在休馆时间进入，真正走入雨林，与雨林中的动、植物面对面接触。

玉特利山
(Uetliberg)

星级推荐

搭 S10 至 Uetliberg 站

夏季行驶至 21:50，冬季至 19:50，但有可能维修，请注意车站告示

必须注意的是，搭乘缆车必须在缆车站提前购买车票，但若持有瑞士通票则可免费搭乘。当地能够搭乘 S4 回到苏黎世中央车站

高 871 米的玉特利山是苏黎世近郊的制高点，也是苏黎世市民假日登山健行的好去处。搭乘 S-Bahn 的 S10 在 Uetliberg 站下车后，于林荫间的小路健行 0.5 小时，便能到达山顶的观景台，从这里可以俯瞰整个苏黎世市区、苏黎世湖湖景以及远眺阿尔卑斯山的壮丽景色，视野非常辽阔。此外，在山顶上还有餐厅、旅馆和儿童游乐场，而各健行路线的指示标也做得很详细，绝对不会让人迷路。

如果有一整天空闲的时间，在登上观景台后不妨沿着健行步道继续南行，在森林里漫步，约 3 小时后能抵达 Felseneggweg，从这里有通往山下的小缆车。

沙夫豪森老城区 (Schaffhausen Altstadt)

必游之地 MUST-VISIT PLACES

- 出沙夫豪森火车站后，到马路对面，即是往老城区的方向
- 万国表博物馆：周二至周五 15:00–17:00，周六 10:00–15:00（周日休息）
- 万国表博物馆：成人 6 瑞士法郎；优惠票 3 瑞士法郎；12 岁以下儿童免费
- 万国表博物馆：www.iwc.com

沙夫豪森老城区是游历莱茵瀑布时必访的城市，虽然贵为沙夫豪森州的首府，却是个规模小到用双脚就能走遍全城的迷你小镇。从前由于莱茵河的航运受到莱茵瀑布阻碍，货物必须在沙夫豪森岸上转运，使得这个地方成为繁荣的贸易重镇，短短两条主街上就密布了 10 余处工会会馆。而现在这些会馆的门口大都保留着华丽的徽纹刻饰，可见昔日这里工商业发达的盛况。

老城区的弗龙瓦格广场（Fronwagplatz）南侧，弗龙瓦格塔（Fronwagturm）山墙上，有一面于 1564 年打造的天文钟（Astronomical Clock），这面巧夺天工的大钟可以说是瑞士钟表技术发达程度的最佳证明，它除了可以显示时间、星期、季节外，还有预测日食、月食、月亮形状、日出日落的时间、太阳在黄道十二宫的位置、春分和秋分的日子等 10 种功能，真的很难相信早在 450 年前瑞士人就已发明如此精密的技术。如果你对专业钟表有兴趣的话，万国表（IWC）的总部便设在沙夫豪森老城区里，在精品专卖店的隔壁便是其博物馆，展示该品牌 100 多年来设计出的精密表款。

沙夫豪森虽然不大，但若慢慢游览，品味老城的中世纪风情，不知不觉便也需消磨一整天的时光。若是还有时间，也可以漫步在莱茵河畔，甚至到河面上的游泳池游泳，相信你一定会对这座迷人的小镇印象深刻。

米诺要塞
(Munot)

从沙夫豪森老城区沿任何一条路往东行，都能看到米诺要塞

5—9月8:00-20:00，10月至次年4月9:00-17:00

免费

www.munot.ch

要欣赏沙夫豪森老城区的市容，最理想的位置就是登上老城东边的米诺要塞。这座要塞建于宗教改革如火如荼之际，巨大的圆形主体建筑令人印象深刻，宽阔的内部空间则为当时的居民们在战乱时提供了庇护的场所。穿过幽暗的掩体，一条可以通行马车的回旋坡道将游客带往堡垒的顶部，在那里，人们的视觉将豁然开朗起来。面对老城的方向望去，教堂和城门的尖塔鹤立在古老的街区里，高低错落的古宅屋瓦像浪潮一般首尾相连，就连莱茵河畔的景致以及周围的葡萄园风光也一览无余。因为这里的视野好，过去要塞的塔楼便作为城市的守望警戒之用，为了延续自古以来的传统，至今还有守卫住在塔楼上，并于每天21:00敲钟向居民们报时（在过去，这是指示城门关闭的钟声）。而现在要塞顶部的圆形广场也常作为市民活动的场地，会不定期举办音乐会、露天电影院及舞会等活动。

万圣大教堂及博物馆

(Münster und Museum zu Allerheiligen)

Baumgartenstrasse 6, 8200 Schaffhausen

从沙夫豪森老城区往南行，看到最大的教堂尖顶即是万圣教堂

博物馆：(0)52 633 0777

博物馆：周二至周日 11:00–17:00（周一休息）

博物馆：成人 9 瑞士法郎，优惠票 5 瑞士法郎，16 岁以下儿童免费

www.allerheiligen.ch

万圣大教堂约建于 12 世纪初，为一座纯罗马式的教堂，由于改信新教的缘故，大教堂内原本华丽的壁画和雕饰被完全刮除，现在大教堂内只能看到现代感浓厚的主祭坛挂毯，以及从前统治城市的公爵的石棺。有趣的是，教堂内的 12 根大柱中有 1 根是有点破损的，于是当地人便称呼这根大柱为“犹大”。

万圣大教堂的修道院是全瑞士规模最大的修道院，一边是 12 世纪罗马式的建筑，另一边却是 13 世纪哥特式的产物。修道院外围是一处中古世纪的草药园，从前的修道士们便在这座可爱的院落内种植各种草药。草药园的一旁有一座原本悬挂在高塔上的大钟，因为钟上的一段铭文曾直接触发德国诗人席勒（Friedrich Schiller）的灵感，让他写下著名的诗篇《钟之歌》（*Lied der Glocke*），从此这座钟便被称作“席勒之钟”。

而在万圣大教堂博物馆里，则展示了沙夫豪森的城市历史，从附近山洞出土的石器时代文物、动物骨骸，到沙夫豪森建城 1 000 多年来的历史发展，都有细致的展示与介绍。从丰富而多样化的展品中，游客可以认识到当地人从古至今的各种生活面貌。同时还能看到骑士之家本来的墙面、天文钟的另一面文字盘，以及广场喷泉的雕像本尊。

莱茵瀑布 (Rhienfall)

从沙夫豪森火车站前，搭乘往Neuhausen/Herbstäcker方向的Bus 1，于Neuhausen Zentrum站下车，再循指标步行约20分钟抵达，大约每10分钟1班；从苏黎世火车站搭乘IR至Schloss Laufen站，需在温特图尔（Winterthur）转车，约1小时抵达

www.rheinfall.ch

必游之地 MUST-VISIT PLACES

“君不见，黄河之水天上来”这句诗若是用到莱茵瀑布上，虽不中，亦不远矣。莱茵瀑布是全欧洲最大的瀑布，幅宽150米，高低落差23米，平均每秒有600立方米的水量冲向13米深的深渊里，尤其是夏天高山雪融之后，更为壮观。

还没走近莱茵瀑布，就能听到犹如万鼙雷鸣般的波涛怒吼声，等靠近莱茵瀑布近前，那股千军万马奔腾的夺阵气势更是非同一般。游客来到莱茵瀑布，可以沿着河边走一圈，从各种角度欣赏莱茵瀑布的壮阔之美，也可搭乘渡船往返位于瀑布两岸的劳芬城堡及施洛斯利沃特城堡。观赏莱茵瀑布有三个最理想的地方：在渡船码头施洛斯利沃特城堡附近的河边，可以从正面饱览莱茵瀑布的全景；而劳芬城堡的礼品店观景台，则能从高处俯视莱茵瀑布的侧面；当然，最特别的观景位置，就是乘坐渡船前往瀑布中央，爬上水间的巨石，在离瀑布最近的地方，感受浩浩荡荡的震撼感与被瀑布包围的刺激感。

每年8月1日的瑞士国庆节，这里都会放烟花庆祝，届时满天璀璨的火树银花照亮波涛汹涌的莱茵瀑布，景致将使游客一辈子难以忘怀。

莱茵河畔的石丹
(Stein am Rhein)

必游之地 MUST-VISIT PLACES

出莱茵河畔石丹车站后，过桥即达老城区的市政厅广场，步行约 10 分钟

修道院博物馆：(0)52 741 2142
林德乌尔姆博物馆：(0)52 741 2512

修道院博物馆：4—10 月周二至周日 10:00–17:00
林德乌尔姆博物馆：3—10 月 10:00–17:00（修道院博物馆：周一、11 月至次年 3 月休息；林德乌尔姆博物馆：11 月至次年 2 月休息）

5 瑞士法郎

林德乌尔姆博物馆：www.museum-lindwurm.ch

游历莱茵河畔石丹，可将重点放在市政厅广场（Rathausplatz）上，相信你一踏进这里，就会立刻被周围的璀璨景象所吸引。广场周围包括市政厅在内的楼房大多建于 16 世纪，除了有华丽的凸窗外，几乎每一栋都绘有色彩鲜艳的湿壁画，壁画主题多半是历史故事与神话传说，而这些楼房就以其壁画的主题来命名，例如红牛、太阳、白鹰、雄鹿等，其中的“太阳”在当地便是一家饶富盛名的历史餐厅。

在莱茵河畔石丹老城区里有两家博物馆，修道院博物馆（Kloster-museum St. Georgen）位于河边的圣乔治修道院中，展示着过往本笃会修道院的生活，以及数百年来的民间艺术。而林德乌尔姆博物馆（Museum Lindwurm）则通过家具陈设，原汁原味地重现了 19 世纪中叶的资产阶级生活，让游客通过实物与模型，了解当时人们的日常生活与工作场景。

荷恩克林根城堡 (Schloss Hohenklingen)

- Hohenklingenstrasse 1, 8260 Stein am Rhein
- 从老城区有登山小径步行 30~45 分钟可达
- (0)52 741 2137
  与城堡固定合作的出租车 (0)52 741 4141
- 周二至周六 10:00–22:30，周日 10:00–17:00（周一休息）
- www.burghohenklingen.ch
- 可预约导览团，10 人以下为 65 瑞士法郎，10~20 人为 100 瑞士法郎

荷恩克林根城堡最初由柴林根公爵（Duke of Zähringen）建于 12 世纪左右，其后城堡随着数次易帜而不断增建。1457 年，莱茵河畔石丹的市民合力将城堡买下，一方面是为了炫耀市民阶级的财富，另一方面将它作为城市的守望塔使用，而城堡也在往后的岁月里，不止一次为石丹市民抵挡住外敌的入侵。由于城堡的管理阶级大多住在山下的老城区内，因此城堡维持了完整的旧时模样，结构也未有所变动。城堡在 2005—2007 年内部整修后，现有一部分开辟为高级餐厅，在这里用餐不但气氛优雅，窗外景色更是美丽。即使不在这里用餐，也可以登上城堡的塔楼，眺望莱茵河畔的石丹城景。

住在苏黎世

B2 精品温泉酒店
B2 Boutique Hotel

★★★★

Brandschenkestrasse 152, 8002 Zürich

(0)44 567 6767

双人房 290 瑞士法郎起

www.b2boutiquehotels.com

阳光自挑高拱形窗洒落而下，33000 本书籍砌成四面书墙，空气中缓缓流动的是翻页声和轻声耳语，这不是某大学的图书馆，而是 B2 精品温泉酒店引以为傲的餐厅。早晨飘散着咖啡和可颂面包的香味，夜幕低垂时，玻璃酒瓶组成的大吊灯下，会变身令人放松的小酒吧。

当百年历史的酿酒厂遇见时尚精品旅馆，会撞出什么样的火花？在高高耸立的工厂旧烟囱下能找到完美的诠释。B2 以简单干净的都市风格，搭配极具设计感的家具贯穿整体，又利用画龙点睛的元素，赋予每个房间独立的个性。房间中有不同样式的经典款皮椅，白墙上大幅的照片是旧酿酒厂中某个局部细节的放大，表现苏黎世酿造工业繁荣时期的历史痕迹成为现代空间中的视觉焦点，却一点也不突兀。

B2 不只在建筑设计上讲究，也处处能感受到对房客的贴心。沐浴用品是天然有机护肤系列，Nespresso 胶囊咖啡机及迷你吧都可随意享用，不需额外付费。最棒的是，只要换上泳衣拖鞋，披上浴袍就可以搭乘馆内电梯直达屋顶的温泉水疗中心 (Thermal Bath & Spa Zurich)，在按摩温泉池中释放旅途的疲惫。苏黎世夜景在眼前闪烁，还有什么比这更浪漫的呢。

中央广场酒店
Central Plaza Hotel

★★★★

Central 1, 8001 Zürich

(0)44 256 5656

平日 270 瑞士法郎起，周末 225 瑞士法郎起

www.central.ch

这家四星级的中央广场酒店果然不愧 Central 之名，距离中央车站只有几步路的距离，要去任何景点都很方便。走进大厅，一道人造瀑布从整面大理石墙上流泻下来，一旁的餐厅内摆放着非洲部落的手工艺品和斑马皮革造型的沙发与地毯，这些都能令来此住宿的旅客感受到一股原野狩猎般的新奇与刺激，让他们在忙碌了一整天之后，仍然保有充沛的活力。105 间客房里，处处充斥着低调奢华的氛围。而在专门供应烧烤类食物的餐厅 King' Cave 中，也有绝佳的河景餐桌，可以一边享用美食，一边欣赏利马特河的景致。

萨瓦别墅酒店
Savoy Baur en Ville

★★★★★

Paradeplatz, 8022 Zürich

(0)44 215 2525

单人房 400 瑞士法郎起，双人房 690 瑞士法郎起

www.savoy-baurenville.ch

位于 Paradeplatz 顶极地段的萨瓦别墅酒店，是一家豪华气派的五星级酒店，自 1838 年开业以来，就是苏黎世老城的中心地标之一。雍容华贵的装潢布置与舒适顶级的房间设施，使这里成为名流显贵造访苏黎世时一贯的下榻之处。而酒店内的两家餐厅：供应法国料理的 Restaurant Baur 与供应意大利菜的 Ristorante Orsini，也是当地上流老饕们的最爱。

女士之初设计旅店
Lady's First
★★★

Mainaustrasse 24, 8008 Zürich
(0)44 380 8010
单人房 230 瑞士法郎起，双人房 290 瑞士法郎起
www.ladysfirst.ch

顾名思义，这是一家专为女性朋友设计的特色旅馆，不过在重新装潢之后，也欢迎男性客人入住。Lady's First 共有 28 间客房，并且附有休息室和餐厅，然而秉持着“女士优先”的原则，温泉和顶楼的阳光室只保留给女性顾客使用，因此入住这里的男性相当少。旅馆内走的是时髦、精致的设计，满足视觉上的美感与舒适，旅客可以很容易就体会到旅馆在小地方的贴心与服务。这样的旅馆并不便宜，算是中上等价位，不过这种贴心的女性旅馆，在全世界找不到几家，女性朋友若有机会，不妨在此住上一夜。

克罗嫩霍夫酒店
Kronenhof
★★★

Kirchhofplatz 7, 8200 Schaffhausen
(0)52 635 7575
单人房平日 145 瑞士法郎起、周末 125 瑞士法郎起，双人房平日 180 瑞士法郎起、周末 160 瑞士法郎起
www.kronenhof.ch

这家酒店是沙夫豪森老城区里历史最悠久的一家酒店，其建造时间可以追溯至 1414 年，且至少在 1489 年时，这里就已开始营业。15 世纪以来，这里一直是莱茵河上游最有名的酒店，德国大文豪歌德、法国大思想家蒙田、俄国沙皇亚历山大、瑞士名将杜福尔将军，都曾是这里的入住宾客。1990 年翻修之后，不但保留了建筑外观的历史风貌，更为内部装潢增添不少新潮的成分。而其一楼的餐厅提供当地当季的美食，成为当地人宴请宾客的地方。

剧院法斯班德酒店
Hotel du Théâtre
★★★

Seilergraben 69, 8001 Zürich
(0)44 267 2670
单人房 155 瑞士法郎起，双人房 205 瑞士法郎起
www.hotel-du-theatre.ch

圣哥特哈尔德酒店
St. Gotthard
★★★★

Bahnhofstrasse 87, 8021 Zürich
(0)44 227 7700
单人房 470 瑞士法郎起，双人房 500 瑞士法郎起
www.hotelstgotthard.ch

沃尔赫拉酒店
Walhalla
★★★

Limmatstrasse 5, 8005 Zürich
(0)44 446 5400
单人房 175 瑞士法郎起，双人房 235 瑞士法郎起
www.walhalla-hotel.ch

索瑞尔雷登酒店
Sorell Hotel Rüden
★★★

Oberstadt 20, 8201 Schaffhausen
(0)52 632 3636
单人房 150 瑞士法郎起，双人房 220 瑞士法郎起
www.rueden.ch

阿德勒酒店
Hotel Adler
★★★

Rathausplatz 2, 8260 Stein am Rhein
(0)52 742 6161
单人房 135 瑞士法郎起，双人房 185 瑞士法郎起
www.adlersteinamrhein.ch

吃在苏黎世

Swiss Chuchi

Rosengasse 10, 8001 Zürich
(0)44 266 9696
周一至周五早餐 6:15-10:00，周六至周日早餐 7:00-11:00，午、晚餐 11:30-23:15
www.swiss-chuchi.ch

提起瑞士美食，自然而然让人联想到芝士火锅（Cheese Fondue）与烤芝士（Raclette），位于 Hotel Adler 一楼的 Swiss Chuchi 正是以这两种瑞士名菜作为其招牌，一走进布置成瑞士传统木屋的餐厅里，马上就能闻到一股浓浓的芝士味。

芝士火锅是将 2~4 种芝士放在白酒中加热使其熔化，再用长叉插起切成小块的面包在锅底搅动，最后将蘸满芝士的面包一口吃下。这里最特别的地方在于，不仅有传统口味的芝士火锅，还可以选择特别加料版，例如增加李子白兰地或梨子白兰地，或是加上火腿与香槟等。烤芝士则是把芝士片置于小铁盘上放入电炉加热，待芝士熔化成稠状时，再取出铁盘，将热腾腾的芝士刮下覆盖在切好的马铃薯或蔬菜上。由于每家餐厅使用的电炉不同，食用前可先向服务生请教使用方法。也可根据个人喜好搭配鸡胸、火腿或牛肉一起食用。

Zunfthaus zur Zimmerleuten

Limmatquai 40, 8001 Zürich
(0)44 250 5363
11:30-14:00、18:00-23:30
www.zunfthaus-zimmerleuten.ch

历史悠久的苏黎世老城区有许多由老房子改建的餐厅，光是入口的大红鹰标志和气派的回旋梯，就能猜到这里绝对大有来头。位于市政厅旁的这家店原本是一栋有 850 年历史的中世纪木造建筑，以前是木匠同业公会，后经过 3 年多的整修，现在可以选择在气派辉煌的挑高大厅举办宴会，或在传统瑞士家居风格的餐厅品尝瑞士料理，或是选择在河边拱形门廊下，一边享用芝士火锅，一边欣赏馥劳大教堂与利马特河景。

Oepfelchammer

Rindermarkt 12, 8001 Zürich
(0)44 251 2336
周二至周五 11:00 至次日凌晨，周六 16:00 至次日凌晨（周一、周日休息）
www.oepfelchammer.ch

位于老城区中心的 Oepfelchammer，是一家传统旧式的古早味餐厅，餐厅的对面是瑞士 19 世纪著名诗人凯勒（Gottfried Keller）年轻时的居所，而他过去也是这里的常客，同时这里还是苏黎世最古老的酒馆驿站。餐厅内部分为两部分，一边是传统木饰设计的 Gaststube，另一边则是优雅的现代餐厅 ZüriStübli。目前的经营者已是这个家族的第三代，50 余年来，他们一直秉持着服务至上的原则与高质量的餐点要求，从前菜、主菜到甜点都非常讲究，所以这儿也成为苏黎世最热门的餐厅之一。

Cabaret Voltaire

Spiegelgasse 1, 8001 Zürich
(0)43 268 5720
周二至周六12:00至次日凌晨，周日12:30-18:30（周一休息）
www.cabaretvoltaire.ch

走进这家酒店，你可能会被充满颠覆意象的内部空间吓到，不过可别大惊小怪，因为1916年，雨果·巴尔（Hugo Ball）、汉斯·阿尔普（Hans Arp）等人就是在这里创造了达达主义（Dada）。现在这家咖啡酒吧，还留有一部分作为现代艺术的展示空间与文艺活动场所。而在一楼的精品店里，也可以买到许多与达达主义相关的书籍及周边产品。

Zunfthaus zur Waag

Münsterhof 8, 8001 Zürich
(0)44 216 9966
每日9:00至次日凌晨（厨房作业时间：11:30-14:00、18:00-20:00）
www.zunfthaus-zur-waag.ch

这栋建于1287年的建筑，在过去数个世纪一直都是亚麻纺织工会的会所，直到19世纪后才几经转手，于1935年成为苏黎世老城区内首屈一指的餐厅之一。想要尝尝苏黎世的地道美食，可以点苏黎世牛肉片（Zürcher Kalbsgeschnetzeltes），那是将牛肉切成片状，用奶油嫩煎，再加上洋葱丁和白酒一起煮，并与将马铃薯切碎、炒熟制成的薯饼（Roesti）搭配食用，地道可口。而这里的瑞士蓝带肉排（Kalbs-Cordonbleu Gefüllt），内馅包裹流质的香浓芝士，也非常值得一试。到了春天，千万别忘了来一份当季盛产的新鲜芦笋，那种鲜脆香甜的口感过了季节可就尝不到了。

zum Kropf

In Gassen 16, 8001 Zürich
(0)44 221 1805
周一至周六11:30-23:30（周日及假日休息）
www.zumkropf.ch

这家历史悠久的餐厅自1444年起就被称为“Kropf”。这里曾更换过许多颇具名望的屋主，从丝绸布商、大地主、商会主席和议会官员等，19世纪时的屋主将这里改装成酒店驿站，自此这里就成为苏黎世人集会的主要场所之一。高挑的屋顶与视觉丰富的古典金色壁画，将这里衬托得十分高雅，再搭配原木的装饰，使得这里成为继苏黎世歌剧院后，另一栋具有典型19世纪风格的历史建筑。为了维持餐厅过往的声誉，这里坚持提供瑞士传统佳肴和高质量的美食，下午茶时间也不妨到此休息片刻，享受一下这份雍容华贵的气息。

Kaiser's Reblaube

Glockengasse 7, 8001 Zürich
(0)44 221 2120
周一 11:30-14:30，周二至周五11:30-14:30、18:00-23:00，周六 18:00-23:00（周日休息）
www.kaisers-reblaube.ch

许多游客来到这里时，总会被这家餐厅外墙上丰富的壁画所吸引，其实这栋建筑本身也大有来头，它作为餐厅之前，曾是文豪歌德前来拜访友人的下榻之处。开业于 1919 年的 Kaiser's Reblaube 供应的是欧陆料理，一楼的小酒馆气氛舒适惬意，适合朋友平常聚会；而二楼的 Goethe-Stübli（意指歌德的寝室）走的则是高贵典雅的路线，只供应 3~7 道菜的套餐，并依季节随时更换菜色。

Zeughauskeller

Bahnhofstrasse 28a, 8001 Zürich
(0)44 220 1515
11:30-23:00
www.zeughauskeller.ch

Zeughaus 是军械库的意思，这家餐厅从前是一座军械库。1927 年，军械库被改建成一家酒吧，酒吧老板在修缮时维持了军械库原有的结构，并将部分兵器保留下来。此后，酒吧虽屡经易手，但历任老板萧规曹随，因此现在人们到这里用餐，仍然可以看到许多挂在墙上的斧钺铠甲，甚至重型枪炮。这里供应的是苏黎世当地美食，除了有当地名菜苏黎世牛肉片和阿尔卑斯山通心粉（Aelplermagronen）外，光是香肠的选择就多达 13 种，是在当地非常受大众喜爱的传统餐厅。

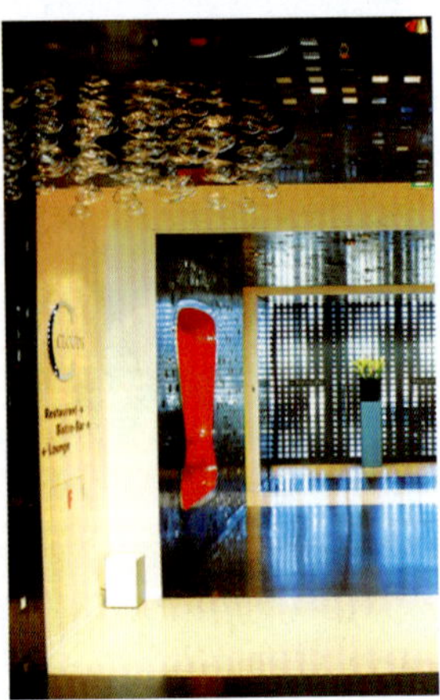

Teecafé Schwarzenbach

Münstergasse 17, 8001 Zürich
(0)44 261 1380
周一至周五 8:00-17:00，周六 9:00-17:30（周日休息）
www.schwarzenbach.ch

苏黎世的老城区聚集了形形色色的商店，其中有家拥有独立品牌的咖啡和茶叶专卖店 Teecafé Schwarzenbach，是老牌杂货店 H. Schwarzenbach 开设的个性咖啡屋。店内简单的色调再加上后现代的装潢设计，虽然是仅能容纳十桌的小小空间，却显得温馨而不拥挤。这里的咖啡与茶叶虽然是低咖啡因，但仍然维持着浓烈的香气。不论是茶叶还是咖啡，都是这里的主角，尤其是多达数十种的茶品，包括各式花草茶，让人看得眼花缭乱。

Jules Vernes Panoramabar

Uraniastrasse 9, 8001 Zürich
(0)43 888 6666
周一至周四 11:00 至次日凌晨，周五至周六 11:00 至次日 1:00，周日 11:45-23:00
www.jules-verne.ch

Jules Vernes 是一家位置很高的屋顶酒吧，以前市中心的高塔是天文台，现在圆顶之下是供应鸡尾酒的吧台。小巧的空间内座位不多，绕着吧台走一圈正好将四面八方的风光尽收眼底，不管白天还是晚上能观赏到迷人的 360° 全景景观。推荐这儿的商业午餐，三道式的套餐在高消费的瑞士算是相对平价，且主菜时常更换。蓝带猪排（Kalbs-Cordonbleu Gefüllt）外皮酥脆，咬开后香浓的芝士随着饱满的肉汁流出，相当过瘾。野菇薄饼用法式可丽饼包裹当季新鲜野菇，佐以意式香料及白酱，虽然是素食，但香味浓郁。

Clouds

Maagplatz 5, 8005 Zürich
(0)44 404 3000
小酒馆：周一至周四 7:30 至次日凌晨，周五 7:30 至次日 2:00，周六 9:00 至次日 2:00，周日 9:00 至次日凌晨
餐厅：周一至周五 11:30–14:00、18:30–22:00(周五延长至 22:30)，周六 18:30–22:30，周日 10:00–14:00、18:30–22:00
www.clouds.ch

其最大的卖点已经在名称上完全表现，云朵般的高度带来绝无阻碍的宽阔视野。其位于苏黎世最高的建筑物 Prime Tower 顶楼，大楼广场旁有专属的入口，走上二楼就是接待柜台，顾客可以在此寄放外套和行李，用最轻松的装扮和心情，搭乘电梯直达 35 楼。Clouds 分为餐厅与小酒馆，餐厅走简洁明亮的现代风格，根据季节供应不同的地中海式餐点，用餐需要事先预约。小酒馆有舒服的红色沙发，夜晚适合对着满城灯火小酌，下午也可以点杯饮料，不管是远眺苏黎世湖，或是数着地面如同火柴盒大小的房子，都非常惬意。

Tibits

Seefeldstrasse 2, 8008 Zürich
(0)44 260 3222
周一至周四 6:30–23:30，周五 6:30 至次日凌晨，周六 8:00 至次日凌晨，周日 9:00–23:30
www.tibits.ch

现在苏黎世的年轻人最流行吃什么？不是高热量的快餐，也不是日式寿司，而是健康、营养的素食料理。这家位于歌剧院附近的餐厅，走的是素食自助餐的模式，店内时髦又年轻的轻松设计，搭配着舒适的座椅和中央一个色彩鲜艳的食物吧台，让每个经过的人忍不住食指大动。菜色包含了各式各样的沙拉、印度素食、马铃薯、烤饼、比萨饼等，只是没有肉类。顾客可以选择在店内用餐或是外带，只要拿个餐盘，选择自己喜爱的菜色，最后再到柜台称重结账即可。此外，这里也有单点的菜单，像是蔬菜卷、三明治、甜点、咖啡、茶等。

Blindekuh

Mühlebachstrasse 148, 8008 Zürich
(0)44 421 5050
午餐：周三至周五 11:30–14:00
晚餐：周一至周四 18:30–23:00，周五至周日 18:00–23:00
www.blindekuh.ch
建议提前预约

这是一家十分有趣的餐厅，你完全无法判别它到底气氛好不好、装潢优不优，仅能以它所提供的食物与服务来评断。这家全球首创的盲人餐厅位于一栋修道院建筑内，一到餐厅就必须先在柜台点餐，因为进入餐厅之后什么都看不见。餐厅内一片漆黑，就是要让来此用餐的人体验盲人的世界，所有的一切都进入声音的感应状态。餐厅内杯盘刀叉的声音和人们嬉笑的谈话声音，都为这家餐厅带来极高的心灵感受，因而一开业，便在苏黎世一炮而红，若是没有预先订位，很难等到座位。

Coop City

Bahnhofstrasse 57, 8005 Zürich
(0)44 226 9100
周一至周五 7:00–21:00、周六 7:00–20:00
www.coop.ch

Coop 是瑞士的全国连锁零售集团，又根据规模大小，分为大城小镇都有的一般超市，以及像车站街上这种什么都卖的百货公司。所附设的美食吧可以说是背包客最好的朋友，美食吧不仅有简单的三明治，主食有烤鸡、猪排、意大利面、炖饭等各种选择，此外还有沙拉区、水果区、饮料区、甜点区，虽然不是大吃一顿的方式，但一餐吃下来大约 10 瑞士法郎，在餐饮费用高昂的瑞士，是节省开销的好方法。

Bahnhofstrasse

www.bahnhofstrasse-zuerich.ch

有经验的买手肯定知道，在巴黎有香榭丽舍大道，在伦敦有牛津街，而在苏黎世当然就属火车站街最为精彩。“Bahnhof”是火车站的意思，因此在欧洲有成百上千条火车站街，然而只有苏黎世的这条称得上国际知名的时尚街道。这条长达 1.4 千米，自中央车站延伸到苏黎世湖畔的站前大道，是苏黎世的精品大街，从世界知名品牌的流行服饰、珠宝、钟表店到百货公司等，琳琅满目的精品以最吸引人的姿态诱惑着来往行人。这里规划成仅允许电车行驶的行人步行区，给予了游客更大的逛街空间。

Jelmoli

Seidengasse 1, 8001 Zürich

(0)44 220 4411

周一至周六 9:00–20:00（周日休息）

www.jelmoli.ch

Jelmoli 是苏黎世历史最悠久的百货公司，也是本地面积最大的名牌购物商场。这里连同地下室在内，总共有 7 层楼，首饰、香水、化妆品、内衣服饰、居家生活、体育用品、生鲜超市一应俱全，这里除了有来自世界各地的名牌专柜外，还有不少只有在瑞士才找得到的当地品牌。而在地下室的葡萄酒专卖店里，各种葡萄酒依照产地分门别类摆放，其中就包括从不外销出口的瑞士葡萄酒，喜爱品酒的人士可以来此尝鲜。

Manor

Bahnhofstrasse 75, 8021 Zürich

(0)44 229 5699

周一至周六 9:00–20:00（周日休息）

www.manor.ch

是瑞士最大的连锁百货公司，在瑞士主要城市的闹区都找得到。这里有不少高档品牌，且价格相对便宜，所以颇受瑞士人喜爱。此外，也有发展自有品牌商品及运动用品的专卖店 Athleticum。火车站街上这家是大型旗舰店，顶楼有自助吧，使用当地时令的新鲜食材，有舒适的专属用餐区，是旅途中省钱的好地方，有机会的话，坐在户外阳台用餐，还能欣赏苏黎世市景。

Globus

Schweizergasse 11, 8001 Zürich
(0)44 226 6060
周一至周六 9:00-20:00（周日休息）
www.globus.ch

以时尚品位及优良质量著称的 Globus，是拥有百年历史的瑞士本土品牌连锁百货，其中选择多样的女装及名牌厨房用品特别受欢迎，地下室的超市，售卖来自各地的高档食材、葡萄酒、奶酪等，也有自有品牌的新鲜有机食品，只是高昂的价格连苏黎世人消费前都会迟疑一下。

Navyboot

Bahnhofstrasse 69, 8001 Zürich
(0)44 211 8757
周一至周五 9:00-20:00，周六 9:00-18:00（周日休息）
www.navyboot.ch

受瑞士人欢迎的知名品牌皮具，几乎都能找到类似的元素——优雅与实用兼具，Navyboot 就是这样一家主打商务休闲风格的瑞士品牌，以重现工业时代的工艺精神为品牌核心，使用高质量的皮革，设计上以经典款为主。原本以男鞋起家，现在已发展出女鞋、包包及配件等，瑞士及德国各主要城市都有分店，光是苏黎世就有 10 家分店，颇受上班族喜爱。

Confiserie Sprüngli

Bahnhofstrasse 21, 8022 Zürich
(0)44 224 4646
周一至周五 7:30-18:30，最后点餐时间 17:30；周六 8:00-17:00，最后点餐时间 15:00（周日休息）

www.spruengli.ch

瑞士巧克力闻名全球，而 Confiserie Sprüngli 更是在瑞士的巧克力历史上扮演着非常重要的角色。Sprüngli 巧克力店 1836 年就在苏黎世开业，并在 1859 年迁至现址，一旁还有家温馨的附属咖啡屋。Sprüngli 在瑞士共有 18 家店，但最大的就数 Paradeplatz 的这家了，他们有 90% 的巧克力是纯手工制造，少说也有 50 种口味。除了巧克力外，这里还有看了就令人流口水的蛋糕、派类、小饼干、小糕点等，而精致的包装更是让人增加购买的欲望。在这里最受欢迎的是 24 小时内必须食用完的松露巧克力（Truffe du jour）；另外长得有点像迷你夹心饼，有巧克力、小红莓等不同口味的 Luxemburgerli 也相当值得推荐。

Beyer

Bahnhofstrasse 31, 8001 Zürich
(0)43 344 6363
周一至周五 9:15-18:30，周六 9:30-16:00（周日休息）
www.beyer-ch.com

就像宝齐莱（Bucherer）之于卢塞恩，拜尔也是在苏黎世响当当的钟表珠宝专卖店。创业于 1760 年的拜尔，如今已传到了第七代，每一代的继承人都对钟表了如指掌，而在店中也有许多钟表匠和金匠，随时为顾客提供服务。拜尔销售的钟表品牌多达 16 家，包括百达翡丽（Patek Philippe）、劳力士（Rolex）、万国（IWC）、卡地亚（Cartier）、肖邦（Chopard）、百年灵（Breitling）、伯爵（Piaget）等顶级名表在内。同时，拜尔也提供古董钟表的交易，在收藏圈享有很高的声誉。

Bally

Bahnhofstrasse 66, 8001 Zürich

(0)44 224 3939

周一至周五 9:30-19:00(周四延长至 20:00)，周六 11:00-17:00（周日休息）

www.bally.com

以皮鞋起家，享誉世界的瑞士高级皮件品牌 Bally，瑞士总店就设在苏黎世车站街中段，建筑物低调的外观与传承了 160 年的品牌风格相当一致，经典实用而不浮夸。Bally 的鞋子向来以质地柔软、做工精致、舒服实穿著称，设计上偏向传统欧洲的优雅风格，总店中不但陈列款式齐全的男女鞋，全栋七层楼更展示了 Bally 全系列产品，其中包括皮包、皮夹、皮带、丝巾、男女服饰等。

Läderach（Merkur）

Bahnhofstrasse 106, 8001 Zürich

(0)44 211 5372

周一至周五 9:00-20:00，周六 9:00-18:00（周日休息）

www.laederach.ch

创业于 1962 年的 Läderach 在瑞士众多巧克力厂牌中，算不上历史悠久的一个，但因为创始人 Rudolf Läderach 所发明的巧克力半成品——可装填内馅的巧克力空壳，使得 Läderach 在瑞士巧克力界拥有举足轻重的地位。而在现任老板，也就 Läderach 家第二代 Jurg Läderach 的经营下，更并购了知名巧克力专卖店 Merkur，于是现在几乎随处都可以吃到香浓滑腻的 Läderach 巧克力。这家位于车站街的巧克力专卖店，除了有各式各样的 Läderach 手工产品外，店铺后方以传统方法现场制作巧克力的 Läderach Live Show 更是吸引了顾客们的围观，可见这里巧克力的新鲜度非常高。

Schweizer Heimatwerk

Uraniastrasse 1, 8001 Zürich

(0)44 222 1955

周一至周五 9:00-20:00，周六 9:00-18:00（周日休息）

www.heimatwerk.ch

如果要寻找一个体面的礼物送人，并且不考虑用廉价的纪念品随便敷衍了事的话，建议可以到这里来找找看。创立于 1930 年的 Schweizer Heimatwerk 是瑞士有名的手工艺品专卖店，目前在瑞士只有 5 家分店，其中 3 家在苏黎世，包括位于机场的免税商店。这里售卖的手工艺品全是瑞士制造，有八音盒、咕咕钟、玩具、餐具、小摆饰、陶瓷艺品、针织刺绣等，不但质量精良，样式也是独一无二，只是价格不菲。

尼达道夫街

如果车站街上的精品名牌不能满足你独特的品位，那就到利马特河东岸的尼达道夫街寻宝吧！铺满黑色方块石砖的尼达道夫街，是老城区的大动脉，从中世纪至今都是商业中心。除了连锁潮牌，也能找到许多瑞士独立品牌服饰，小巷子内更是别有洞天，设计师家具、手工订制珠宝、艺廊等，都隐藏在只限行人的步行区中。

抬头看看道路两旁抹上粉嫩色彩的老房子，墙上壁画和挂在二楼窗口的铸铁图样，揭示从前屋子主人的身份，以前的打铁铺现在是个性服饰店，木匠同业工会变成了餐厅。入夜之后，尼达道夫街变成夜生活大本营，摇滚酒吧、俱乐部、爵士酒馆一家接着一家。

Time Tunnel

Stüssihofstatt 7, 8001 Zürich

(0)44 261 4224

周二至周五 11:00–18:30，周六 11:00–16:30（周日、周一休息）

www.timetunnel.ch

这家藏身于老城区巷弄庭院中的个性小店，“时光隧道”的店名并不是要让人们回到过去，而是要把人们的家装潢成未来的模样。这里售卖的是各种充满设计感的家具，如造型奇异的灯具、犹如科幻片场景的餐桌沙发、外观抽象的各式餐具及摆饰等。此外，也有本地设计师将作品拿来这里寄卖，因此你也可以发现一些风格奇特的服饰配件、珠宝首饰、二手衣物等。而在店铺的最里面则是一家造型美发美容院，与店面的空间结构完美地融合在一起，也相当特别。

Dolmetsch

Limmatquai 126, 8001 Zürich

(0)44 251 5544

周一至周五 9:00–19:00，周六 9:00–18:00（周日休息）

www.dolmetsch.ch

来到瑞士，当然要买一把瑞士军刀回去，但是瑞士军刀的功能种类繁多，如何找到一把符合自己需求的呢？这家位于列马特河畔的瑞士精品专卖店，瑞士军刀的两家龙头品牌——Victorinox 和 Wenger的产品在这里都有售卖，而且型号非常齐全。除了主刀、开瓶器、剪刀等基本功能外，新的瑞士军刀甚至还有随身硬盘，以及专门适用于计算机维修或高尔夫球场的专业瑞士军刀。各种型号的瑞士军刀将这些功能组合，刀体有大有小，功能有多有少，以满足不同使用者的需求。除了功能选择多样化，在 Dolmetsch 还能找到复古造型的木壳与骨壳瑞士军刀，适合喜爱与众不同的收藏家。

H. Schwarzenbach

Münstergasse 19, 8001 Zürich

(0)44 261 1315

周二至周五 8:00–18:30，周六 9:00–17:00（周一、周日休息）

www.schwarzenbach.ch

在苏黎世老城区，即使只是杂货店，也可以有悠久的历史。自 1864 年创业至今已是第五代传人，Schwarzenbach 以杂货咖啡烘焙坊的角色，一直在苏黎世人心中占有一席之地。走进店内会立刻被货架上一个个五颜六色的玻璃罐吸引，各式各样的香料、坚果、浆果、蜜饯、果酱、茶叶、咖啡和巧克力，丰富而迷人，空气中混杂着各种食材的香气，喜欢干果杂货的人，一定要来这家可爱的杂货店寻宝。

Loco d' oro

Münstergasse 13, 8001 Zürich
(0)44 261 4921
周二至周五 10:00–13:00、14:00–18:30(周四延长至 20:00)，周六 10:00–17:00（周一、周日休息）
www.locodoro.ch

这家很有个性的珠宝店，不像一般水晶投射灯与玻璃柜组成的店面，Loco d' oro 除了橱窗前少量成品外，大部分空间给了工作室，桌上是摊开的设计图，各种锉刀及抛光工具的后头，是低头专注工作的设计师。这里的饰品也许没有品牌，也没有使用高级珠宝，但不管是镶嵌宝石的精致耳环，或是细细打磨出独特表面纹路的戒指，每个款式都是设计师独一无二的创意，是设计室手工打造出的带有温度的首饰。如果在苏黎世多停留几天的话，也可以在此量身订制专属戒指。

The flea market

Bürkliplatz, Niederdorfstr.
5—9 月周六 8:00–16:00

周六逛跳蚤市场似乎早已成了欧洲人的生活习惯，不管在哪个城市都能找到像这样子的地方，有时候商品本身并不是最主要的目的，人们喜欢逛跳蚤市场其实是在享受一种在五彩缤纷的世界中寻宝的乐趣。苏黎世最大的跳蚤市场是位于苏黎世湖畔的比尔克利广场，市集范围涵盖 Fraum ü sterstr 与 General Guisan Quai 一带，爱热闹的人绝对不容错过。

而苏黎世另一处跳蚤市场是在尼达道夫街巷弄中的 Rosenhof，这里的风格要比比尔克利广场明确许多，走的是嬉皮与迷幻的路线，摊贩大声播放着 Bob Dylan 与 Jimi Hendeix 等人的音乐，售卖头巾、烟草、唱片等物。

Freitag

Geroldstrasse 17, 8005 Zürich
(0)43 366 9520
周一至周五 11:00–19:30，周六 11:00–18:00（周日休息）
www.freitag.ch

起家于苏黎世的 Freitag 包包，如今在国际上已不再是个默默无闻的独立品牌了，几乎在世界各地的百货专柜中都能见到 Freitag 的作品。而 Freitag 的材料虽完全来自于回收物，但因为是纯手工缝制，加上精巧实用的设计，一个侧背包常在 200 瑞士法郎以上。即使价格不菲，但从防水帆布取下的图样各有不同，独一无二的包包还是很受年轻人欢迎，走在苏黎世西区的街头，更是人手一包。

Freitag 是少数还将工厂设在苏黎世的公司，“苏黎世制造”的商品也是一大卖点。目前在世界各地只有 9 家专卖店，3 家在瑞士，3 家在德国，其他分别在纽约、东京和维也纳，其中以位于苏黎世西区的这家店最符合 Freitag 以资源回收玩创意的品位。Freitag 的店面和他们的包包一样酷，是由 17 个大货柜组合而成的 9 层楼高塔，建筑本身就是西区的地标。店内陈设的最大特色是四面像仓库一样的抽屉墙，每一个抽屉都代表一种花色，你可以根据抽屉外贴着的照片选择喜欢的款式。顾客逛完还可以爬上顶层的瞭望台，眺望苏黎世西区工业城的景色。

Chäes Graf

Oberstadt 1, 8260 Stein am Rhein
(0)52 741 2261
11 月至次年 4 月：周一至周五 8:30–12:00、14:00–18:00，周六 8:00–16:00；5—10 月：周一至周五 8:30–18:30、周六 8:00–16:00、周日 9:00–16:00（11 月至次年 4 月周日休息）
www.chaes-paradies.ch

到了瑞士，便很难不对芝士着迷，由于瑞士的芝士工厂与牧牛的牧场基本上在同一个地方，因此制作芝士的生乳绝对新鲜。瑞士芝士依地区不同，种类多达数百，不愧号称芝士王国。而位于莱茵河畔石丹市政厅广场上的这家芝士专卖店，虽然店面只有小小的一家，售卖的芝士种类却多达 80 种，看着形态各异的各式芝士，真的很难想象芝士也能变出这么多的花样。而店里也制作瑞士人最喜爱的点心——芝士塔。一些与芝士相关的烹饪器具，如烤芝士用的炉子和铁盘，这里也都有售卖。

卢塞恩

卢塞恩这个城市有多漂亮？当你走在罗伊斯（Reuss）河畔，看见夕阳余晖照在卡贝尔木桥上，木桥的倒影荡漾在宁静的河面上，背景则映衬着残雪未融的山峰，你会忍不住拿出相机按下快门。但是对于卢塞恩的美，拍照这种方式却又太“快餐”了，这时真恨不得自己是一位画家，才能用画笔一点一滴地勾勒出卢塞恩的美。

早在公元 8 世纪时，卢塞恩就已发展成聚落，而在拿破仑战争时期，还成为瑞士赫尔维蒂共和国（Helvetische Republic）的首都。而现今的卢塞恩，则利用美丽的卢塞恩湖湖景为旅游注入一股新热潮。

步行是来卢塞恩旅游的最佳方式，在旧城区和罗伊斯河畔，处处遗留着古老的建筑与巴洛克式的教堂、广场，狮子纪念碑更是被马克·吐温赞颂为世界上最哀伤、最感人的雕刻；卡贝尔木桥是欧洲最古老的廊桥，虽然曾不幸惨遭毁坏，但修复后的木桥仍是城市的象征。此外，卢塞恩集中的购物商区总是令游客惊喜，名满天下的宝齐莱便将总店设在这里。

同时，许多人都把卢塞恩当作游玩瑞士中部名山的基地，从这里出发前往彼拉图斯山、铁力士山和瑞吉山，都是在 1 天之内可以往返。要同时享受湖光山色、老城风味与现代设施，卢塞恩可以说是瑞士最具备资格的城市。

卢塞恩交通

如何到达——飞机

从中国国内出发，无国际航班直达此地，需搭乘飞机至苏黎世或日内瓦机场，再转乘火车抵达卢塞恩。

如何到达——火车

搭乘火车来卢塞恩相当便捷。从苏黎世直达卢塞恩约45分钟，从日内瓦直达卢塞恩为2小时50分，从伯尔尼直达卢塞恩则约1小时。此外，卢塞恩也是黄金快车（Golden Pass Line）与威廉泰尔快车（William Tell Express）两条观景路线的起点，可从蒙特勒（Montreux）、兹怀斯文（Zweisimmen）和因特拉肯（Interlaken）搭乘黄金快车至卢塞恩，或从洛迦诺（Locarno）、卢加诺（Lugano）、贝林佐纳（Bellinzona）搭乘威廉泰尔快车至卢塞恩。

火车票可在火车站的售票机购买，但想坐火车游历瑞士的游客，最好先在欧洲铁路公司购买瑞士通票。

欧洲铁路公司

www.raileurope.cn

瑞士国铁

www.sbb.ch

市区交通

巴士

在卢塞恩观光，大部分景点可以步行的方式抵达，若要到距离稍远的地方，如交通博物馆等景点，则可以在火车站前搭乘市区巴士前往。卢塞恩的巴士路线错综复杂，几乎所有的路线都会在卢塞恩火车站（Luzern Bahnhof）前的总站会合，车票可在总站的售票机或在车上向司机购买，持有瑞士通票则可免费搭乘。

环城观光小火车

游客可在5星级饭店Schweizerhof Luzern的门口搭乘环城观光小火车，其实环城观光小火车并不是真正的火车，而是火车造型的观光巴士，其路线经过霍夫教堂、狮子纪念碑、耶稣会教堂、卡贝尔木桥、卢塞恩文化会议中心等重要景点，全程约40分钟，车上配有含中文在内的8种语音导览设备。车票直接向司机购买即可，成人12瑞士法郎，5~15岁儿童5瑞士法郎。

(0)41 220 1100

4月：14:00–16:00
5月：11:00–16:00
6—8月：11:00–19:00
9月：11:00–17:00
10月1—15日：11:00–16:00
10月16日—31日：14:00–16:00（整点发车）

成人12瑞士法郎，5～15岁儿童5瑞士法郎

www.citytrain.ch

租车

(0)44 804 4646

www.europcar.ch

卢塞恩卡

持有卢塞恩卡除了可以搭乘市区与近郊的所有大众交通工具外，参观10家博物馆及城市导览行程还可享有优惠。卢塞恩卡可在游客中心、瑞士国铁柜台等处购买。24小时卡为19瑞士法郎；48小时卡为27瑞士法郎；72小时卡为33瑞士法郎。

若是持有瑞士通票，可免费搭乘所有大众交通工具及参观全国445家博物馆，因此无须购买卢塞恩卡。但要注意的是，瑞士通票与卢塞恩卡在其优惠的适用范围上有所不同。

旅游咨询

游客服务中心

Zentralstrasse 5, 6003 Luzern（在火车站内）

(0)41 227 1717

周一至周五8:30–19:00，周六9:00–19:00，周日9:00–17:00

www.luzern.com

精华景点

卡贝尔木桥
(Kapellbrücke)

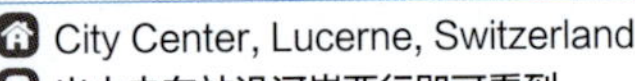
City Center, Lucerne, Switzerland

出中央车站沿河岸西行即可看到

(0)41 227 1717

全天

免费

在瑞士，卡贝尔木桥毫无疑问是最常被当作拍摄地的建筑，优雅的桥身，与周遭的市容完美地结合在一起，而矗立一旁的巨大水塔（Wasserturm）更是具有画龙点睛的效果，厚实稳重的古塔为这幅轻盈的画面增添了重心，使得整片风景呈现出一种和谐的平衡。

卡贝尔木桥建于14世纪初期，长204米，当时被当作卢塞恩防御体系的一部分，同时也是欧洲现存最古老

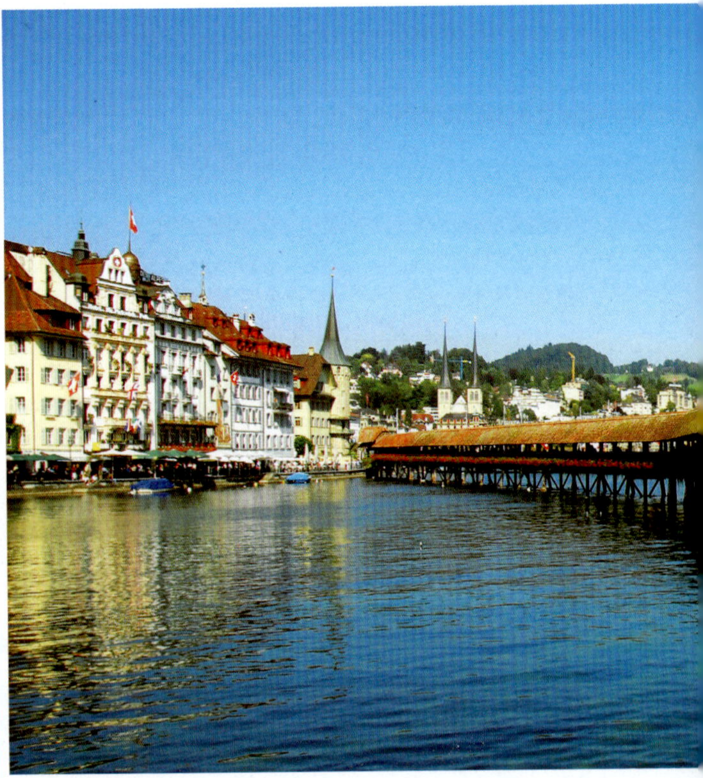

的廊桥。木桥不但外观优美，内部也非常精彩，在木桥的桥顶内架着 120 多根横梁，每根横梁上都有一片山形木板，上面绘有卢塞恩的历史故事和城市守护圣人圣李奥窦加（St. Leodegar）与圣莫里斯（St. Maurice）的形象。这些原本都是 17 世纪时的画作，可惜的是 1993 年时，一艘停泊在木桥下的小船突然起火，让这座桥陷入一片火海，虽然没有将整座桥付之一炬，却也烧毁了大部分古画。卡贝尔木桥在劫后迅速重建完成，现今游客所看到的画作，色泽较老旧的便是 17 世纪的原作，而看起来较新的则是修补后的模仿作品。

桥旁的这座八角形水塔，约有 34 米高，在 1300 年建成时被视为城墙的延伸部分，后来曾先后作为城邦库房、文献室以及牢房之用。水塔在 1993 年的大火中未被损坏，如今静静地守卫着卡贝尔木桥，供游客观赏。

卢塞恩旧城广场 (Altstadt plätze)

罗伊斯河右岸老城区内

全天

免费

在罗伊斯河的右岸便是卢塞恩的老城区，这里是一片地势逐渐隆起的山坡，也是卢塞恩购物的精华地段，每一排狭窄的街道上都藏有令人惊喜的小店、艺廊和餐厅。在老城中心有好几个被古老的建筑物所包围的广场，这些建筑物有的墙上漆着美丽的壁画，有的则拥有繁复的雕饰，增添了卢塞恩作为历史古城的价值。这其中，醇酒广场（Weinmarkt）是卢塞恩人宣誓加入瑞士联邦的地方，雄鹿广场（Hirschenplatz）的名字来自于一家中世纪的旅店，而谷物广场（Kornmarkt）则以亮丽钟楼红顶的市政厅和绘有热闹壁画的旧行会建筑而闻名。

卢塞恩湖 (Vierwaldstättersee)

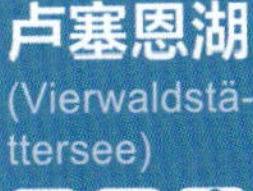

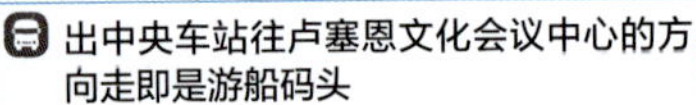

出中央车站往卢塞恩文化会议中心的方向走即是游船码头

(0)41 367 6767

全年运行

票价依距离计算，从卢塞恩出发，头等舱单程16.6~65 瑞士法郎，往返 33~99 瑞士法郎；二等舱单程 11~43 瑞士法郎，往返 22~66 瑞士法郎。持瑞士通票可免费搭乘

www.lakelucerne.ch

Vierwaldstättersee照字面解释的话，也可以翻译成“四森林州湖”。自古以来，卢塞恩湖的美就令所有远道而来之人为它心醉神迷，而今日要亲近卢塞恩湖的最佳方式，自然是登上游船，来一趟如梦似幻的湖泊航行。

由于持有瑞士通票可以免费搭乘瑞士的游船，因此游客们大都不会放弃这项权益。许多游客会在前往彼拉图斯山的途中，或是搭乘威廉泰尔快车时顺便游览卢塞恩湖（威廉泰尔快车的卢塞恩—福尔伦一段为卢塞恩湖的蒸汽游船），但也可以在游船码头挑选其他适合自己的行程。目前最受欢迎的特别行程为午餐游船（Mittagsschiff）和日落游船（Sonnenuntergangs Fahrt）。午餐游船全年行驶，每天中午 12:00 从卢塞恩 1 号码头出发，13:45 回到卢塞恩，船上备有 4 种主餐和沙拉吧，可在湖光美景中享用一顿丰盛的大餐。午餐游船头等舱往返 31 瑞士法郎，二等舱往返 26 瑞士法郎，餐费另计。全餐 34.5 瑞士法郎，沙拉吧 18 瑞士法郎，最好在 11:00 前订位。而日落游船每年只有 5—9 月间行驶，由于卢塞恩位于湖的西岸，因此想要一睹夕阳伴随着天边红霞洒落在卢塞恩湖上的美景，就一定要搭船才行。日落游船每日 19:12 从卢塞恩 1 号码头出发，21:45 回到卢塞恩，头等舱往返 33 瑞士法郎，二等舱往返 24 瑞士法郎，游船上也备有晚餐，但餐费需另计。

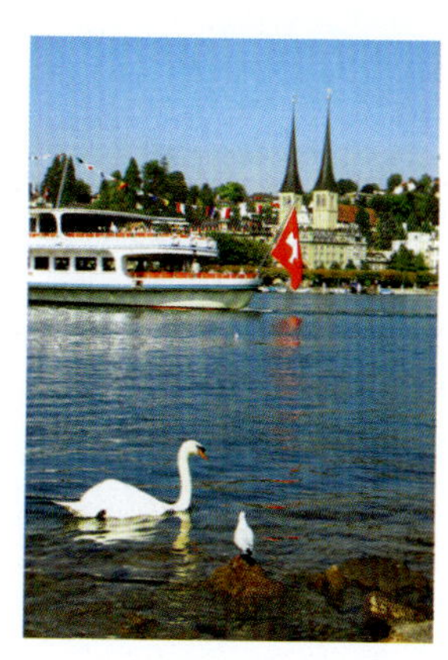

卢塞恩文化会议中心 (KKL)

- Europaplatz 1, 6005 Luzern
- 出中央车站往 Bahnhofplatz 的东边走即可看到
- (0)41 226 7070
- www.kkl-luzern.ch

1998 年才正式启用的卢塞恩文化会议中心（KKL）是卢塞恩的新地标，由来自巴黎的建筑大师让 • 努维尔（Jean Nouvel）操刀设计，其巨大的屋檐在卢塞恩湖畔显得特别抢眼。卢塞恩文化会议中心是一座结合音乐厅、国际会议厅、艺术博物馆、美食餐厅和景观酒吧的多功能文化中心，尤其是拥有 1840 个座位的音乐厅，堪称全世界设备最好的一座音乐厅，每年夏天的卢塞恩音乐节便是在这里举行，这也是卢塞恩人的骄傲之一。夜幕低垂之后，卢塞恩文化会议中心依然不减其人气，人们坐在卢塞恩文化会议中心外的广场上，看着对岸的霓虹灯光映照在卢塞恩码头的港湾中；广场上的大型喷水池时而喷出 3 层楼高的巨大水柱；晚风徐徐吹来，即便喝不上冰凉的啤酒，美丽的夜色也能醉人。

冰川公园 (Gletschergarten)

Denkmalstrasse 4, 6006 Luzern
搭巴士 1、19、22、23 至 Löwenplatz 站，沿 Denkmalstr 北行即达
(0)41 410 4340
4—10 月 9:00–18:00，11 月至次年 3 月 10:00–17:00
成人 12 瑞士法郎，学生 9.5 瑞士法郎，6~16 岁儿童 7 瑞士法郎。与布尔巴基全景画的联票（Lion Pass）：成人 21 瑞士法郎，儿童 11 瑞士法郎
www.gletschergarten.ch

这里的冰川遗迹其实是在一个非常偶然的情况下被挖掘出来的，1872 年时，公园的创始人安木莱—妥勒（Joseph Wilhelm Amrein-Troller）原本只是要兴建一座酒窖，却意外发现许多冰川擦痕和冰川遗迹，经过研究证实，这些都是两万年前冰川时期留下的地貌。1873 年，公园正式对外开放，1980 年又在遗迹上加建篷顶，以保护这些珍贵的遗迹不受风雨侵蚀。在所有的冰川遗迹中，最引人注目的便是直径 8 米、深达 9.5 米的巨大冰壶，这些冰壶都是由冰川底部的水流转动砾石所刨蚀而成，可见当时罗伊斯冰川底部所产生的漩涡威力有多惊人。

除了冰川遗迹，公园里还有冰川博物馆、安木莱屋、瞭望塔、镜子迷宫等部分。冰川博物馆介绍了冰川的形成，以及卢塞恩两千万年来的历史；安木莱屋里展示了许多立体地理模型，其中包括费赫将军（General Pfyffers）于 1762—1786 年制作的瑞士中部地貌模型，这是世界上最古老的地貌模型作品。而一旁的镜子迷宫原本是为了 1896 年的日内瓦博览会而建，内部以西班牙的阿尔罕布拉宫（Alhambra）作为背景，搭配上 360° 菱形的镜子，让游客随时撞“墙”，十分有趣。

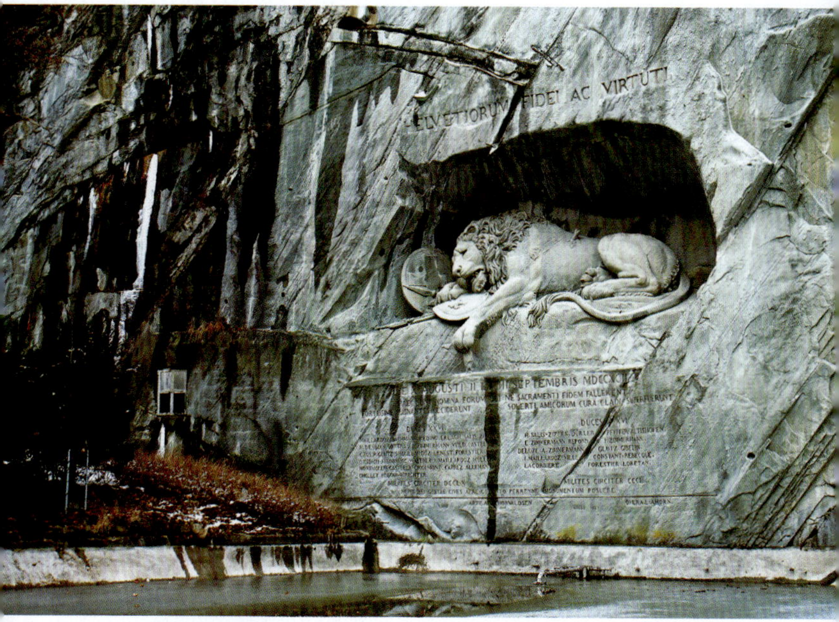

狮子纪念碑 (Löwendenkmal)

搭巴士 1、19、22、23 至 Löwenplatz 站，沿 Denkmalstr 北行即达

免费

位于冰川公园旁的狮子纪念碑是卢塞恩的另一个象征，这座垂死的狮子雕刻是为了纪念 1792 年时，为了保护法王路易十六而在巴黎杜乐丽宫（Tuileries）殉难的 700 多名瑞士雇佣兵，作者为丹麦雕刻家巴特尔・托瓦尔森（Bertel Thorvaldsen）。

石狮是在一块天然的岩壁上凿刻而成，身中断矛的雄狮倒卧在碎裂的盾牌上，虽欲再战却力有未逮，生动细腻的情感表现在狮子的脸上，颇有一种“诚既勇兮又以武，终刚强兮不可凌”的悲壮气势，令所有观看的人无不动容。美国著名的小说家马克・吐温（Mark Twain）就曾被这座雕像深深吸引，他赞颂狮子纪念碑是“世界上最哀伤、最动人心弦的一座石雕”。

布尔巴基全景馆 (Bourbaki Panorama Luzern)

Löwenplatz 11, 6004 Luzern
搭巴士 1、19、22、23 至 Löwenplatz 站即达
(0)41 412 3030
4—10 月周一至周日 9:00-18:00，11 月至次年 3 月周一至周日 10:00-17:00
成人 12 瑞士法郎，6~16 岁儿童 7 瑞士法郎。与冰川公园的联票（Lion Pass）：成人 21 瑞士法郎，儿童 11 瑞士法郎
www.bourbakipanorama.ch

全景画是在电影发明之前，欧洲市民重要的娱乐项目之一。全景画的类型分为很多种，有利用投影布幕的，也有利用立体镜片的，但像卢塞恩布尔巴基全景馆中那样的大型全景画作，世界现存的作品可谓寥寥无几。布尔巴基全景画完成于 1881 年，是当时全景画企业主委托日内瓦画家爱德华·卡斯特（Edouard Castres）等人绘制的作品，内容描述的是 1871 年普法战争结束后，法军指挥官布尔巴基将军带着 8 万多名残兵败将穿越瑞士边境并缴械寻求庇护的场景。在画面中，你可以看到瑞士红十字会对法军进行的人道救援，由于卡斯特和另一位画家费迪南德·赫德勒（Ferdinand Hodler）都曾亲身参与那次救援行动，因此当时的情景全都如实呈现在这幅全景画中，而在画面里也能找到他们两人的身影。

这幅全景画原本是长 110 米、高 14 米的标准全景画大小，后来为了建筑改建，裁掉了上部的 4 米。为了还原原画的规模，馆方在画面前方设置了 21 处立体场景模型，将画面延伸至参观者面前，加上从音响中传出的远方的隆隆炮声、车马杂沓声与人们的话语声，让人仿佛回到 1871 年，亲自见证了这次的历史事件。

霍夫教堂
(Hofkirche)

 搭巴士 1、6、7、8、14、19 至 Luzernerhof 站即达

¥ 免费

霍夫教堂是卢塞恩最重要的主座教堂，也是瑞士最具代表性的文艺复兴风格教堂，供奉的是城市的守护圣人圣李奥窦加与圣莫里斯。教堂的外观非常特别，两栋塔尖与塔身几乎等长的灰色尖塔，是典型的哥特式建筑，中间却夹着装饰花哨的文艺复兴式白色大门。原来这栋教堂的前身是建于 8 世纪的本笃会修道院，1633 年被大火烧毁后只剩下两根尖塔，于是又于 1645 年重建成文艺复兴时期的风格。这两种样式搭配起来乍看之下显得格格不入，但愈看愈觉得这种冲突的美感是其他任何形式的改建都比不上的。

教堂内的玛丽亚祭坛与灵魂祭坛也是参观时的重点，这两座祭坛有着细致华丽的金色浮雕，表情生动地刻画出耶稣受难与圣母临终时的场景，是 16 世纪初期的作品。其他值得一看的还有一架造于 17 世纪、拥有 4 950 根音管的管风琴，不定期会有音乐会在此演出。

穆塞齐城墙 (Musegg-mauer)

搭巴士 1、19、22、23 至 Löwenplatz 站，沿 Museggstr 西行，穿过城墙后沿右手边一条往上走的小径即达

3 个塔楼在复活节到万圣节之间开放

免费

MUST-VISIT 必游之地 PLACES

卢塞恩的城墙大约建于 14 世纪末，数百年来的沧海桑田，让今日的城墙只剩下老城区北面一小段，所幸这段城墙的保存状况相当完好，加上政府也定期加以维修，让这里成为卢塞恩市区的一处景点。穆塞齐城墙至今仍留有 9 座塔楼，由西到东的名字依次是 Nölli、Männli、Luegisland、Wacht、Zyt、Schirmer、Pulver、Allenwinden 和 Dächli，其中 Männli、Zyt 与 Schirmer 在夏季时开放给游客参观。登上高塔的塔顶，可以眺望老城区和卢塞恩湖的景色，耶稣会教堂等地标建筑的尖顶也都历历可辨。而在 Zyt 塔上有一座建于 1535 年的钟，其鸣钟时间要比其他钟快一分钟，在以钟表精确著称的瑞士来说算是相当另类，不过因为它是卢塞恩现存最古老的钟，使得它享有"不准确"的特权。

宝齐莱本店 (Bucherer)

Schwanenplatz 5, 6002 Luzern

搭巴士 1、6、7、8、14、19 至 Schwanenplatz 站即达

(0)41 369 7700

11 月至次年 3 月：周一 8:30-18:30，周二至周六 9:00-18:30(周四延长至 21:00)；4—10 月：周一至周三、周五至周六 8:30-19:30，周四 8:30-21:00，周日 9:00-12:30、14:00-19:00（11 月至次年 3 月周日休息）

www.bucherer.com

能够像卢塞恩的宝齐莱本店一样，被来自全球各地的旅游团当成旅游景点，抢着在店门口拍照留念的店面，在世界上应该是屈指可数的。喜爱钟表的人对宝齐莱一定不会感到陌生，在钟表珠宝专卖店中，宝齐莱可算是这一行的龙头老大，目前在瑞士已经拥有 14 家分店，而其最初发迹的地方就是在卢塞恩的这栋大楼里。劳力士、万国、伯爵、肖邦、爱彼、帝舵、浪琴、雷达等顶级名表，在这里都设有专柜，同时也能找到宝齐莱于 2008 年开始的自制品牌 Carl F. Bucherer。而在较高的楼层里也有 Victorinox、Sigg、Swatch、双人牌等名牌专柜，俨然就是一家专卖瑞士及欧洲精品的百货公司。

而在店里的电扶梯旁，还隐藏了另一处景点——全世界最大的钢珠钟（Aion），这座高达 4 层楼的钢珠钟无法一眼就看尽其完整的面貌，只能一层一层地分段欣赏，在 3、4 楼的扶梯旁可以看到钢珠的运作。

罗森加特收藏馆 (Sammlung+ Picasso Donation Rosengart)

Pilatusstrasse 10, 6003 Luzern
出中央车站后沿 Pilatus St. 西行即达
(0)41 220 1660
4—10 月 10:00–18:00；11 月至次年 3 月 11:00–17:00
成人 18 瑞士法郎，老年票（65 岁以上）16 瑞士法郎，学生票（30 岁以下）10 瑞士法郎，7~16 岁儿童 10 瑞士法郎
www.rosengart.ch
周日 11:30 有导览服务，费用为每人 5 瑞士法郎

罗森加特收藏馆的馆长安杰拉·罗森加特（Angela Rosengart）与她的父亲齐格菲·罗森加特（Siegfried Rosengart），都是瑞士著名的艺术品收藏家与经销商，他们长年与毕加索（Pablo Picasso）保持着深厚的友谊，因而馆中的收藏便以这位立体派大师的作品为主。原本城中还有另一处毕加索博物馆，但其馆藏已全部移至罗森加特收藏馆中，也使得这里的毕加索画作藏量更加丰富。除了毕加索的作品之外，其他当代大师的收藏品也很可观，包括克里（Paul Klee）、马蒂斯（Henri Matisse）、夏卡尔（Marc Chagall）与法国印象派大师们的杰作等，值得游客花一个下午的时间慢慢欣赏。

史普劳尔桥 (Spreuer-brücke)

Spreuerbrücke，6004 Luzern
搭巴士 2、9、12、18、31、53 至 Kasernen-platz 站即达
全天
免费

史普劳尔桥建于 1408 年，原本也是属于卢塞恩防御体系的一部分。在德文中，“Spreu”是“麦糠”的意思，因为早年居民们都是在这座桥上将麦糠倒入罗伊斯河中，史普劳尔桥因此而得名。史普劳尔桥最出名的地方便在于桥顶部的三角横梁木板，如同卡贝尔木桥一样，这里的横梁上也有 67 幅绘于 1626—1635 年的画作，这些画是出自卡斯珀·麦林格（Kaspar Meglinger）之手，题材则是黑死病流行时期最常见的主题——“死亡之舞”（Dance of Death）。在画中，无论是贫富贵贱，还是善恶贤愚，都逃不了一死，传达出人生不离死、死生总无常的观念，也反映了当时人们对于瘟疫的无奈。

耶稣会教堂 (Jesuitenkirche)

出中央车站沿河岸西行即可看到
免费

位于罗伊斯河畔，与市政厅隔河相望的耶稣会教堂，始建于1666年，是全瑞士第一座大型的巴洛克式宗教建筑。教堂在外观上最醒目的特色，就是两座有着洋葱形尖顶的塔楼；而教堂的内部更是精彩，洁白的墙身、粉色系的廊柱装饰、红色的大理石主祭坛，使教堂围绕在一股明亮而圣洁的气氛中。而拱顶上色彩鲜艳的湿壁画，描绘的是天堂之门打开的景象，在这幅画中也能看到耶稣会教堂原本的模样。

瑞士交通博物馆 (Museum Verkehrshaus der Schweiz)

Lidostrasse 5, 6006 Luzern
搭巴士6、8、24至Verkehrshaus站即达
(0)41 370 4444
夏季10:00–18:00，冬季10:00–17:00
成人30瑞士法郎，6~16岁儿童15瑞士法郎，6岁以下免费
www.verkehrshaus.ch

早在1959年开业的交通博物馆，占地面积达4万平方米，是欧洲交通工具收藏量最多的博物馆。在这里，游客可参观到数百种交通工具，从古老的蒸汽火车头、传统马车、缆车、飞机、船，到现代的航天飞机等，每一件展品都诉说着交通史的发展故事。如果你是铁道迷，那就更不能错过超大型的火车展示场，室外的广场上还有迷你小火车，让小朋友也能感受搭乘蒸汽火车的乐趣。

而具有教育意义的天文馆，则以优美的音乐和让人着迷的天象仪让游客一睹宇宙间的奥妙，同时游客还能在“宇宙全方位”中体验无重力状态下的太空世界。另一项广受游客喜爱的设施，就是位于博物馆一旁的IMAX剧院。

彼拉图斯山 (Mt. Pilatus)

必游之地 MUST-VISIT PLACES

(0)41 329 1111

金色环游 5—10 月，银色环游 5—11 月（实际日期需视雪融状况而定），从克林斯上山的缆车则全年开放

www.pilatus.ch

● 金色环游

从卢塞恩出发至阿尔卑纳赫施塔德的首班船为 8:40，末班船为 14:40，每小时 1 班，航程约 1 小时（实际船程请上网查询时刻表）

成人游船头等舱 / 二等舱为 109 瑞士法郎 /96 瑞士法郎，6~16 岁儿童游船头等舱 / 二等舱为 55.6 瑞士法郎 /49.1 瑞士法郎。持有瑞士通票可免费搭乘游船至阿尔卑纳赫施塔德，再到登山铁道站购买 Alpnachstad- Pilatus Kulm-Krines 的票，32 瑞士法郎

● 彼拉图斯山铁道

请参见金色环游

从阿尔卑纳赫施塔德上山的首班车为 8:10，末班车为 17:50；从山顶下山的首班车为 8:45，末班车为 18:45。每 40 分钟 1 班，上山车程 30 分钟，下山车程 40 分钟，实际车次请上网查询时刻表

请参见金色环游

● 弗莱克穆恩特格

可从克林斯搭小缆车前往，但最好的方式是利用金色环游从山顶搭大缆车抵达

夏日大滑道：5—10 月周一至周五 10:00-17:00，周日 10:00-17:15（7、8 月至 17:15）；
绳索公园：4—10 月 10:00-17:00（7、8 月 10:00-17:15）

夏日大滑道：成人单次 8 瑞士法郎，5 次 36 瑞士法郎，11 次 72 瑞士法郎；6~16 岁儿童单次 6 瑞士法郎，5 次 29 瑞士法郎，11 次 58 瑞士法郎。绳索公园：成人 27 瑞士法郎，8~16 岁儿童 20 瑞士法郎

www.pilatus-seilpark.ch
www.rodelbahn.ch

夏日大滑道若潮湿则关闭

在瑞士的群山之中，彼拉图斯山是最具神秘色彩的一座，在古老的岁月里，关于彼拉多的幽灵一度甚嚣尘上，使得这里曾经是卢塞恩法律中的“禁山”。彼拉图斯山之名即是来自将耶稣钉死的罗马总督本多·彼拉多（Pontius Pilate），传说彼拉多的遗体被人抛入这里的湖泊里，此后每年耶稣受难日，他的幽灵便会伴随着狂风暴雨出现。1585 年，一群勇敢的市民不顾禁令结伴上山，他们想尽办法挑衅湖里的鬼魂，然而什么事情也没发生，于是谣言不攻自破。如今的彼拉图斯山虽然不再神秘，但山上的景色依旧美丽，引人无限遐想。

金色环游

从卢塞恩到彼拉图斯山顶最快的方式是坐公交车到克林斯（Kriens），再从克林斯搭缆车上山。但是既然都千里迢迢来到瑞士了，如果不为自己保留一份闲情逸致，未免说不过去，因此绝大多数游客到彼拉图斯山，走的都是金色环游路线。

金色环游的起点为卢塞恩 2 号码头，从这里搭乘开往阿尔卑纳赫施塔德（Alpnachstad）的游船，沿途可以饱览卢塞恩湖的湖光山色。到阿尔卑纳赫施塔德后，换搭全世界最陡峭的齿轮铁道到山顶（Pilatus Kulm）。而下山走的则是另一条路线，从山顶缆车站搭乘大缆车至弗莱克穆恩特格（Fräkmüntegg），再换搭小缆车至克林斯，从克林斯有 1 号公交车回卢塞恩。如此一来，游湖船、齿轮铁道、缆车等交通工具都坐过一轮，对于彼拉图斯山的回忆也更全面而完整。银色环游的路线大致相同，只是少了游船行程。

彼拉图斯山铁道

彼拉图斯山铁道于 1889 年开始通车，至今已有超过百年的历史，这条齿轮铁道以其 48° 的坡度闻名于世，是全世界最陡峭的登山铁道。因此，火车车厢与月台也需要特殊设计，每一间车厢与其相应的月台都设计成一层层的阶梯状，如此乘客才不会有“倾斜”的感觉。建议您不妨选择第一节或是最后一节车厢搭乘，这样才有机会见识那陡峭铁道的真面目。

由于彼拉图斯山高 2 132 米，途中的景观也会随着高度攀升而有所变化。离开阿尔卑纳赫施塔德车站后，首先会经过一片针叶林，当火车攀爬到一定的高度，还可以欣赏到山下的阿尔卑纳赫湖（Alpnachersee）和一旁典型的瑞士木屋；20 分钟后，火车已行驶到 1 千米的高度，这时游客所看到的景观便成了岩石和草原，同时温度也骤降了好几度，如果是春季或秋季前来造访，还可能看到积雪。

彼拉图斯山顶

走出山上的车站，迎面而来的是一片宽阔的山顶平台，如果晴空万里的话，在这里可以欣赏到阿尔卑斯群峰白雪皑皑的壮丽景色。在山顶上有5条健行步道，若想拥有360°的绝佳视野，可以沿着步道登上主峰观景台（Oberhaupt）或埃塞尔峰（Esel），这两条步道的路程都只需要10分钟。如果时间充裕，也可以步行35分钟到特吕姆斯峰（Tomlishorn），那里是彼拉图斯山最高的地方。夏天时，一路上可以看到彼拉图斯山特有的花种，而雄伟的铁力士山也可以在这条路上清楚地看到。要特别提醒的是，山上的气候总是变化多端，即使是在夏天，也需要穿件外套保暖。

在山顶上有两家旅馆——Hotel Pila tus-Kulm和Hotel Bellevue，不赶时间的话，建议游客在此用餐或住宿。旅馆的餐厅里供应热腾腾的瑞士山地美食，足以补充登山所需的热量，最特别的是，这里有数种蒸馏的当地“龙酒”，烈到让人像龙一样“喷火”，如果吃了太多芝士造成胃部不适，正好点一杯来消化。

龙道

在山顶的步道中，一条被昵称为龙道的岩洞隧道最受欢迎，这条在岩壁里凿出的步道长约500米，可从洞眼中欣赏到彼拉图斯山另一面的景色，而隧道内的岩壁上也挂着许多和龙有关的艺术作品。关于龙的传说，官方有记载的是1421年夏天，一条巨龙飞到了这里，有位名叫史丹弗林的农民看到它便惊吓得昏了过去，他醒来后发现一颗石头凝结在龙血中，而这块石头在1509年时被认定为具有神奇疗效的石头。

另一个广为流传的故事中，有位年轻人在秋天时不小心跌入了彼拉图斯山上的一个深洞，他苏醒后发现自己跌在两条龙的中间，但龙并没有伤害他。等到春天来临，一条龙飞出了洞外，而另一条龙对年轻人说：“走吧，离开的时候到了。”说完便伸出尾巴，将年轻人救了出去。

弗莱克穆恩特格

来到彼拉图斯山除了健行赏景，还有什么惊奇刺激的事情吗？答案是肯定的。从山顶坐缆车到弗莱克穆恩特格，这里的挑战绝对够劲儿。夏日大滑道（Summer Toboggan Run）是瑞士最长的轨道车滑道，长达 1 350 米的超长滑道，令所有喜爱极速快感的人热血沸腾，无不跃跃欲试。这种滑道车有点类似极限运动中的 skateluge，是利用身体重心来过弯，所不同的是多了滑道和用来加速或减速的控速杆，因此速度更快却也更安全。

而绳索公园（Seilpark）的规模也是瑞士最大的，公园里的游乐项目有点像国内露营区里常见的体能训练场，只是每一个攀爬项目都是离地 3 层楼高。绳索公园里总共有 10 种难度各异的项目，各项目之间彼此相连而又各自独立，因此玩家可以依自己的喜好和胆量，随心所欲地攀爬、飞荡在树林之间。由于玩家身上扣有安全索带，因此虽然玩得惊心动魄，却会安然无恙。

铁力士山

(Mt. Titlis)

必游之地 MUST-VISIT PLACES

从卢塞恩搭火车至英格堡(Engelberg)，循指标前往缆车站，再搭乘缆车上山

(0)41 639 5050

全年开放（11 月时会有定期维护）

夏季：英格堡与铁力士山顶之间往返票的票价为 86 瑞士法郎（6~15 岁儿童半价）。冬季：成人半日 /1 日票为 52/62 瑞士法郎，16~19 岁半日 /1 日票为 36/43 瑞士法郎，6~15 岁儿童半日 /1 日票为 21/25 瑞士法郎（可搭乘所有缆车及缆椅）。持有瑞士通票享 5 折优惠

www.titlis.ch

山上气温极低，日光却非常强，因此强烈建议携带厚外套、墨镜及防晒乳液上山

- **铁力士山登山缆车**

每日 8:30 开始运作，最后一班从英格堡上行的缆车为 15:40，最后一班从铁力士山下行的缆车为 16:50

- **铁力士冰川站**

免费

在缆车站可租到各式滑雪装备

- **冰川公园**

冰河飞渡：夏季 10:00-16:00，冬季 9:15-16:00

成人 12 瑞士法郎，6~15 岁儿童 6 瑞士法郎

冰川公园11月至次年4月时，被作为滑雪场地使用

- **山间花径**

从英格堡坐缆车至特吕布湖

5—9 月开放（具体时间视融雪及花开状况而定）

英格堡至特吕布湖缆车单程票为 20 瑞士法郎，往返为 28 瑞士法郎，格斯尼阿尔坡（Gerschnialp）到英格堡缆车单程票为 7 瑞士法郎，往返为 10 瑞士法郎

“在我的脚下，是万丈的深渊；在我的头上，是缆线的低吟。没有螺旋桨的呼啸，也没有机器的鸣响，你却能翱翔在深蓝色的天空中，就像是随风飞舞一样……”

这是 1927 年时，一位游客造访铁力士山所留下的感想，将近一个世纪过去了，人们来到铁力士山还是有着相同的感受。被白雪覆盖的巍峨山峰，随着天空透出一抹淡淡的蓝；无边无际的叠岭层峦，让人们的思绪也如苍鹰般乘风而起。要享受这一切美景，几乎不费吹灰之力，因为从山脚下的英格堡搭乘缆车到铁力士山顶，只要 45 分钟，这也使得每天上山的游客总是络绎不绝。

铁力士山登山缆车

要登上铁力士山山顶，必须从山下的英格堡搭乘3种不同的缆车上山。第一段为6人座的小缆车，由英格堡（海拔1 050米）出发，经过格斯尼阿尔坡（Gerschnialp）后到达特里布湖（Trübsee，海拔1 796米）。随着高度上升，英格堡小镇的风光尽收眼底，这个小镇坐落于山谷中，可爱的木屋散布在松树与草原之间，还可以看到一群群阿尔卑斯乳牛正在低头吃草。

第二段则是可容纳80人的大型缆车，由特里布湖直达史坦德（Stand，海拔2 428米），这一段的风景又大不相同，原本茂密的森林已不复存在，窗外的景色变成了陡峭的山壁、翠绿的草地与碧蓝色的特里布湖。

而从史坦德到铁力士山山顶的最后一段缆车，便是出现在铁力士山logo上的“Rotair”，这正是世界首创的360°旋转缆车。所谓的旋转缆车，其底部是一个大转盘，在5分钟的车程里刚好旋转一圈，因此乘客不需挪动位子，便能饱览车外360°的全景。在此可以欣赏白雪皑皑的雄伟群山，还有万年不化的冰川景观，壮观无比。

铁力士冰川站

旋转缆车的终点站便是高3 020米的铁力士山山顶，从这里可以眺望整片一望无际的银色山峰。而在铁力士冰河站中，也有一处能饱览壮丽风光的露台，餐厅、店铺、影音播放室分布在各个楼层，还有一家让游客穿着瑞士传统服装拍照留念的摄影馆。不过最令游客们心驰神往的，还是位于一楼的冰洞（Glacier Cave）。这处由人工在冰河中开凿出的洞穴深达150米，其凿空的冰体有3 000立方米之多，游客不但可以体验在冰层中漫步的奇妙感觉，还能亲手触摸平常只可远观的万年寒冰。冰洞中偶尔也会展出冰雕作品，而五彩变幻的灯光照射在透出寒气的冰壁上，更是有种超现实的虚幻气氛。

冰川公园

大部分来到铁力士山的游客，都会带着自己的滑雪装备直奔各大滑雪场地，如果你也是滑雪爱好者，自然不能错过这里落差高达2000米的滑雪场地。部分游客由于不会滑雪，上山顶后多半只是丢丢雪球就下山了，这实在是件非常可惜的事，因为铁力士山最酷的地方，就是即使你不会滑雪，也能在雪地里玩得很高兴的秘密乐园。而这处秘密乐园必须乘坐冰川飞渡（Ice Flyer）才能到达。冰川飞渡是一个联结两座山峰的吊椅，让游客可以在视线不受玻璃等物体的阻隔下，享受凌空飞越冰河的快感。

到了对面的冰川公园后，首先要玩的就是长得像小型圆形橡皮艇的欢乐滑雪圈（Snow Tube），滑雪圈的玩法很简单，你只要排队到滑道起点，坐上滑雪圈，等工作人员放开拉绳，然后一路俯冲，如果需要的话，也可以加上尖叫这个环节。这个滑道最棒的地方就是它有一个大弯道，因而增加了过弯时的刺激感，游客可以告诉工作人员自己是想要直直冲下去，还是一边冲一边多转

几圈，两种玩法都很过瘾，而且无论冲得多快、转得多夸张，滑雪圈都不会翻。

在滑雪圈滑道隔壁，是一道又长又宽的大雪坡，这里有 8 种雪上玩具可以载着游客从坡上滑下去，包括蛇行滑板（Snake Gliss）、平衡滑雪车（Balancer）、冲雪摩托（Snow-Scoot）等。由于冰川公园所有的游乐设备都是免费无限次使用，因此可以每一种都玩几遍。滑下坡之后，再搭乘输送带回到坡顶。

山间花径

铁力士山不仅山顶上精彩，山腰间也是乐趣无穷，在诸多健行步道中，尤以花间小径最为热门。花间小径共有两条，一条是从特吕布湖缆车站出发，沿着特吕布湖（Trübsee）南岸向东走到上特吕布，路程为 1 个小时。另一条则是从格斯尼阿尔坡（Gerschnialp）往东走到下特吕布，路程约 40 分钟。在上、下特吕布之间有 Älplerseil 缆车相联结，将这两条花间小径串成一条 U 字形路。在花间小径的步道上，沿路有一些黄色的小牌子，能带游客认识每一种在此处盛开的花朵，而艳丽的花卉将各种颜色点缀在绿色的原野间，飘散出浓浓的花香气味，让徜徉在这条小路上的人们无不沉浸在浪漫的世界里。

此外，在英格堡与格斯尼阿尔坡之间如果不想搭乘缆车的话，也可以租借越野脚踏车（Mountain Bike）或站立式单车（Trotti Bike），在优美的景色里骑乘单车，也是一种充满乐趣的体验。

住在卢塞恩

艾勒尼斯监狱酒店
Jailhotel Löwengraben

★★

Löwengraben 18, 6004 Luzern

(0)41 410 7830

床位每床 80 瑞士法郎起，房间 90 瑞士法郎起，套房 160 瑞士法郎起

www.jailhotel.ch

你想过当个“犯人”的瘾吗？想体验睡在“牢房”内的滋味是如何吗？该酒店的前身即是建于 1860 年的监狱，于 1998 年才被改建成旅馆。这种另类的住宿在卢塞恩掀起一股热潮，可以说是瑞士第一家发挥奇想的监狱旅馆。它的柜台是一个用栏杆围起来的小亭子，饭店人员穿着狱卒的服装帮游客登记住宿，这种感觉就好像是要入狱般。如果是背包客，可以选择像青年旅馆般的宿舍床位；但若愿意再多花一点钱，体验经过设计的牢房，那么保证令旅客感到物有所值。

弗洛拉亚美隆酒店
Ameron Hotel Flora Luzern

★★★★

Seidenhofstrasse 5, 6002 Luzern

(0)41 227 6666

单人房140瑞士法郎起；双人房180瑞士法郎起（依季节变动）

www.flora-hotel.ch

该酒店于 2008 年重新装潢完成并加入 Best Western Hotel 集团，距离卢塞恩的地标卡贝尔木桥只有咫尺之遥，而从火车站走到这里，徒步也只需要 3 分钟，地段可谓得天独厚。一楼的餐厅也是当地人最喜爱的聚餐场所之一，而入住这里的旅客则可获得每人 10 瑞士法郎的优惠券。

卢塞恩丽笙酒店
Radisson Blu Hotel Luzern

★★★★

Inseliquai 12, 6005 Luzern

(0)41 369 9000

192~360 瑞士法郎（依季节变动）

www.radissonblu.com

欧派斯酒店
Hotel des Alpes

★★★

Furrengasse 3, 6004 Luzern

(0)41 417 2060

单人房 130 瑞士法郎起；双人房 205 瑞士法郎起

www.desalpes-luzern.ch

卢塞恩施威霍夫酒店
Hotel Schweizerhof Luzern

★★★★★

Schweizerhofquai, 6002 Luzern

(0)41 410 0410

夏季 440 瑞士法郎起；冬季 360 瑞士法郎起

www.schweizerhof-luzern.ch

阳台酒店（恩格堡）
Hotel Terrace（Engelberg）

★★★

Terracestrasse 33, 6390 Engelberg

(0)41 639 6666

90~230 瑞士法郎（依季节变动）

www.terrace.ch

吃在卢塞恩

Stadtkeller

Sternenplatz 3, 6004 Luzern
(0)41 410 4733
周一至周六 11:30-14:00，17:30-22:30
www.swissfolkloreshow.com

在瑞士许多庆典活动中，常常可以看到男男女女穿着传统的刺绣服饰，演奏瑞士民谣 Jodel。然而一般游客如果没有经过安排，不容易看到此类的节庆演出，因此在瑞士便出现一些民俗餐厅，以每日固定的民俗表演吸引游客上门，让游客不必参加庆典即可体验特殊的表演节目。

位于卢塞恩老城区内的 Stadtkeller 便是这么一家提供传统瑞士餐饮及民俗表演的餐厅，每天中午及晚上，客人都可以一边用餐，一边欣赏 Jodel 演出。Jodel 除了主唱之外，伴奏的乐器有手风琴和低音提琴等，最特别的传统乐器为瑞士特有的长号角和牛颈铃。据说 Jodel 是早年住在山间的人，利用歌声和其他人联络，但也有一种说法是 Jodel 原来是瑞士人向神明祷告的呼唤，经过山间牧人的传诵哼唱，逐渐发展成瑞士独特的民谣。

Wirtshaus Taube

Burgerstrasse 3, 6003 Luzern
(0)41 210 0747
3—10 月每日 12:15 及 20:00 有音乐及表演，11 月至次年 2 月晚上 20:30 也有各类型的音乐表演活动
www.taube-luzern.ch

当游客走在卢塞恩的街头，想尝一尝这里最地道的传统料理，询问当地人的意见，他们多半会建议你去这家餐厅，因为这家餐厅对他们来说，有“妈妈的味道”。这里位于罗伊斯河边，距离史普劳尔桥不远，夏天时还会在河岸边摆上桌椅，让用餐的客人以罗伊斯河的美景来佐餐。这里的餐点采用的是当季的新鲜食材，因此菜单定期更换，但无论供应的是何种菜色，都能让游客了解到什么是卢塞恩的滋味。

伯尔尼

和苏黎世、日内瓦这些城市比起来，伯尔尼似乎不是那么有名，这让许多伯尔尼人感到很不服气，因为伯尔尼不但从 1848 年起即是瑞士的首都，而且早在 1983 年便被联合国教科文组织列入《世界遗产名录》。

这座于 1191 年由柴林根公爵（Duke of Zähringen）所建的城市，自中世纪晚期开始，就是阿尔卑斯北部最大也最具影响力的城市。城市的象征——熊，是源于建城者捕获到的第一只动物，而伯尔尼的名字也是熊的意思，至今熊已成为广受市民喜爱的吉祥物，游客来到伯尔尼可别忘了参观熊苑。而长达 6 千米的旧城区，在翠绿的阿勒河（Aare）环绕下，更是古意盎然，要欣赏这片把时间冻结在 16 世纪的老城景色，大教堂的塔楼与玫瑰园是最理想的地方。漫步在老城区内，游客会遇到 12 座具有历史价值的喷泉，每座喷泉都有其独特的典故，它们也将旧城区点缀得十分可爱。而昔日商家为遮风避雨而建的拱形骑楼，现在则成了市民与游客散步购物的好去处。

在伯尔尼，也可以寻访到一些名人的足迹，如曾在伯尔尼居住了 7 年多的爱因斯坦，便是在这里完成了著名的《相对论》；而伯尔尼也是瑞士最负盛名的画家保罗·克利（Paul Klee）的家乡，伯尔尼政府在离他墓地不远之处修建了一座保罗·克利艺术中心（Zentrum Paul Klee）。

伯尔尼交通

如何到达——飞机

伯尔尼虽然是瑞士的首都，但伯尔尼—贝尔普机场（BRN）却是个规模不大的小机场，从国内出发的游客需搭乘飞机至苏黎世或日内瓦机场，再转乘火车前往。但若是从欧洲其他城市或瑞士机场搭机前往，可在伯尔尼机场外搭乘开往伯尔尼中央车站的巴士（Airport Bus 334 号），全票 6 瑞士法郎、半票 3 瑞士法郎，持瑞士通票可免费搭乘。从伯尔尼机场搭出租车到市中心 20 分钟，车资约 45 瑞士法郎。

贝尔普机场

www.flughafenbern.ch

如何到达——火车

伯尔尼位于欧洲铁路网上，有 TGV、ICE 及 Cisalpino 三条高速火车经过，搭乘火车到伯尔尼非常便利。而从瑞士各城市搭乘火车到伯尔尼，使用的则是瑞士国铁系统，从苏黎世直达伯尔尼，搭乘 IC 约 1 小时，搭乘 IR 则约 1 小时 20 分；从日内瓦直达伯尔尼最快 1 小时 44 分；而从卢塞恩直达伯尔尼，搭乘 IR 为 1 小时，搭乘 RE 则约 1.5 小时可达。

瑞士国铁

www.sbb.ch

市区交通

大众运输系统

伯尔尼市区不大，用步行的方式游历伯尔尼老城只要花一整天的时间，即可将大部分景点看遍。如果走累的话，在老城区里还有电车巴士行驶，可选择先用散步的方式游览城区，回程时再搭乘电车巴士。在行经老城区的电车巴士中，12 号是最常搭乘的路线之一，它的路线就在伯尔尼最热闹的大道上，途经中央车站（Hauptbahnhof）、熊广场（Bärenplatz）、钟塔（Zytglogge）、市政厅（Rathaus）、熊苑（Bärengraben）、保罗·克利艺术中心等站。车票可在站牌旁的售票机或在车上向司机购买，持有瑞士通票则可免费搭乘。

轻轨电车

www.bernmobil.ch

单车游城导览

若是 10 人左右的团体，可选择参加当地的滑板自行车（Trotti Bike，英文为 scooter）导览团，需花费 2 个小时，跟着导游在伯尔尼的历史巷道中骑单车穿梭，绝对是一项难得的体验。若不想跟团，在火车站旁的 Bern Rollt 也可以租到一般的脚踏车或电动脚踏车。

Trotti Bike 导览

☎ (0)31 328 1212

¥ 10 人以下团体价 420 瑞士法郎，11 人以上每人 42 瑞士法郎

! 一团 15 人为限，需事先预约

Bern Rollt

¥ 出示护照及保证金 20 瑞士法郎，前 4 小时免费（电动脚踏车前 2 小时免费），之后每小时租金 1 瑞士法郎

🕒 5—10 月 7:30-21:30

🖱 www.bernrollt.ch

马车

搭乘马车游城是体验伯尔尼历史风情的最佳方式，2 人 0.5 小时为 65 瑞士法郎。夏天时，每天早上 9:30 开始，都能在熊广场、钟塔和熊苑找到排班的马车。

出租车

在伯尔尼主要的出租车行，叫车电话如下。

Nova Taxi

☎ (0)31 331 3313

租车

Avis

☎ (0)44 809 1818

🖱 www.avis.ch

Budget

☎ (0)44 809 18 18

🖱 www.budget.ch

Europcar

☎ 44 804 46 46

🖱 www.europcar.ch

Hertz

☎ 8862 2731 0377

🖱 www.hertz.ch

Sixt

☎ (0) 848 884 444

🖱 www.sixt.ch

旅游咨询

中央车站游客服务中心

☎ (0)31 328 1212

🕒 周一至周六 9:00-19:00，周日及节日 9:00-18:00

🖱 www.berninfo.com

熊苑游客服务中心

🕒 6—9 月 9:00-18:00，3—5 月与 10 月 10:00-16:00，11 月至次年 2 月周五至周日 11:00-16:00

在游客中心可租借老城区的导览，到钟塔、大教堂等景点只要输入相应代码，就能听到有关这些景点的所有信息，有些典故甚至连当地居民都不知道。租借费用为 6 小时 18 瑞士法郎、24 小时 25 瑞士法郎，目前有英文导览。

精华景点

伯尔尼旧城区 (Old Town Bern)

Old Town Bern

全天

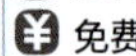

免费

翠绿而蜿蜒的阿勒河（Aare）在流经这里时形成了一处 U 形的大河湾，800 多年前人们便在这处河湾上建城，终于形成今日伯尔尼古城的样貌。河流虽然限制了城市的规模，却也将往昔的荣光封存在古老的 16 世纪，而 1983 年伯尔尼古城被列入《世界遗产名录》后，更是受到严格的改建限制，因此在伯尔尼几乎看不到任何一栋钢筋水泥的现代建筑，这也成就了伯尔尼风情万种的古典美。而一国首都，能拥有如此纯粹的历史风貌，瑞士的伯尔尼可谓罕见。

在伯尔尼旧城区的街道上，最引人注目的便是形

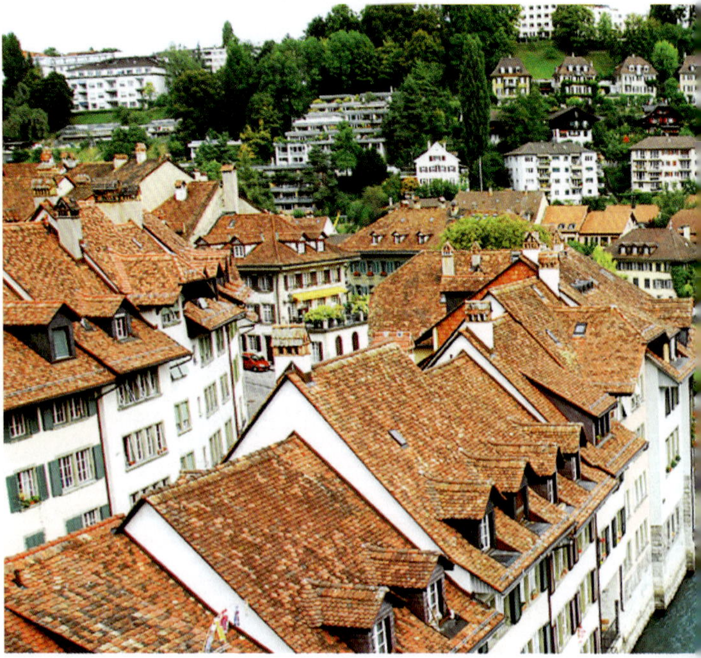

形色色的历史喷泉，伯尔尼总共有250多座喷泉，在过去还没有自来水系统的年代里，是居民日常用水的重要来源，至今这些喷泉还保持着饮用水的纯净。这其中有12座拥有造型华丽的喷泉雕塑，且大都集中在Marktg-Kramg大街上，它们每一座都拥有各自的历史背景。譬如，安娜·萨莱喷泉是为了纪念捐款兴建医院的安娜·萨莱；摩西喷泉和参孙喷泉的主角都是《圣经》中的人物；而令人望而生畏的食童喷泉，则是因为从前常有儿童跌落附近的深沟，因此才建设一座吃小孩的妖怪造型的喷泉来防止儿童靠近。既然伯尔尼以“熊”命名，和熊有关的喷泉自然也不在少数，在旗手喷泉和射手喷泉上都可以看到小熊的可爱身影，象征建城者家族的柴林根喷泉更是一只戴着头盔的熊。

老城大部分建筑都有骑楼，在这里可以不惧风雨地逛街购物，最特别的是大街两旁从前被当作酒窖使用的地下室，现在都改建成了个性商店，当你看到街边敞开的地窖大门时，不妨下楼逛逛。

钟塔
(Zytglogge)

星级推荐

Markus Marti Kramgasse 28 3011 Bern

搭 Bus 12 至 Zytglogge 站即达

(0) 031 311 4837

4—10 月、12 月 26 日至 12 月 31 日 14:30 有导览团（50 分钟）

导览团：成人 15 瑞士法郎，6~16 岁儿童 7.5 瑞士法郎

www.zytglogge-bern.ch

导览团集合地点在钟塔前

每到整点前的时候，钟塔下都会聚集大批的人，目不转睛地等待着大钟旁的报时秀演出。左方的金色雄鸡率先张开翅膀打破了寂静，接着国王下方的小熊队伍展开了游行，上面的小丑也摇起了铃铛，然后是片刻的安静。等到整点时分，大钟上的铜人敲响了报时的钟声，国王也摆动手中的令牌，报时秀到此全部结束。

钟塔曾经在 12、13 世纪时作为伯尔尼城的西城门，目前的规模则是在 1771 年所形成的。文字盘上第一层的天文钟建于 1218 年，钟面的设计相当复杂，除了报时之外，还能看出季节、月份、日期、星期以及月亮的圆缺。如果对钟塔内部感兴趣，可以在游客中心报名参加每天 14:30 的导览行程，导游将会详细解说这座 16 世纪报时大钟的机械结构与运作原理。而从钟塔顶上望向老城区的街景，也别有一番趣味。

联邦议会大楼 (Bundeshaus)

- Bundesgasse 3 3005 Bern
- 搭巴士 10、19 至 Bundesplatz 站即达
- (0)31 322 8522
- 周 一 至 周 六 9:00、10:00、11:00、14:00、15:00、16:00 有导览团
- 免费
- www.parlament.ch
- 欲入内参观必须携带护照或其他身份证明

联邦议会大楼是瑞士联邦政府与议会的所在，新文艺复兴式的宏伟立面与碧绿色的主楼圆顶是其最显著的特征。这栋建筑始建于1852年，直到1902年才正式完工，建造过程中总共动用了38位艺术家来为大楼设计其装饰，其主要的建筑设计师为汉斯·奥尔（Hans Auer）。议会休会时，联邦议会大楼每天都有入内参观的导览行程，而若是在开会期间参观，也有机会坐在开放给公众的旁听席上观看会议流程。联邦国会大楼面前是人来人往的联邦广场（Bundesplatz），广场上的喷泉会不断变化强度与节奏，尤其是入夜之后，26道高高喷起的水柱趁着打上灯光的国会大楼，总是能吸引人们驻足围观。

熊苑 (Bärengraben)

MUST-VISIT 必游之地 PLACES

- Grosser Muristalden 6, 3006 Bern
- 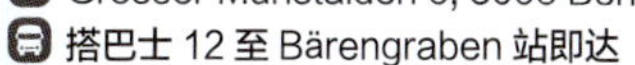搭巴士 12 至 Bärengraben 站即达
- 24 小时
- 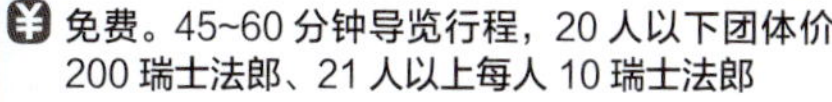免费。45~60 分钟导览行程，20 人以下团体价 200 瑞士法郎、21 人以上每人 10 瑞士法郎
- www.baerenpark-bern.ch

伯尔尼建城之时，统治此地的柴林根公爵决定要以捕获的第一只动物来为新城命名，而他所捕到的第一只猎物就是熊，从此熊就成了伯尔尼不可分割的象征。来到伯尔尼的游客几乎都会前往熊坑（Bear Pit）参观，熊坑并不是一般的动物园，而是以围墙将几只熊围住，任熊自由自在地走动。可惜伯尔尼最著名的大熊 Pedro 于2009年4月30日过世，世界自然基金会要求伯尔尼再盖一座更大、机能更齐全的熊苑。新的熊苑沿阿勒河（River Aare）河岸兴建，占地6000平方米，已于2009年10月25日对外开放，贯穿公园、沿着河道修建的步道，让游客能更近距离观看棕熊 Björk 和 Finn 的日常活动。

爱因斯坦宅邸

(Einstein-haus)

- Kramgasse 49 Postfach 638 3000 Bern
- 搭巴士 12 至 Zytglogge 站，沿 Kramg 东行即达
- (0)31 312 0091
- 2—3 月周一至周五 10:00-17:00，周六 10:00-16:00；4—9 月每日 10:00-17:00；10—12 月中旬周一至周五 10:00-17:00，周六 10:00-16:00；12 月中旬至次年 1 月下旬、2—3 月的周日、10—12 月中旬的周日休息
- 成人 6 瑞士法郎，优惠票 4.5 瑞士法郎
- www.einstein-bern.ch

与伯尔尼有关的名人当中，爱因斯坦（Albert Einstein）应该算是名气最响亮的一位，这位赫赫有名的物理学家曾在伯尔尼居住了 7 年多的时间（1902—1909 年），当时他的职业是联邦专利局的职员，并利用闲暇时间从事研究。爱因斯坦搬进这栋公寓时刚新婚不久，而 1 年后他的长子汉斯便出生在这栋房子里。住在伯尔尼的期间，爱因斯坦发表了数量惊人的学术论文，提出了最经典的狭义相对论与著名的 $E=MC^2$ 质能方程（1905 年）。1908 年，他获得伯尔尼大学的教职，翌年因获聘为苏黎世大学理论物理学副教授而离开了伯尔尼。爱因斯坦初来伯尔尼时只是个默默无闻的穷讲师，而离开伯尔尼时却已是名满天下的权威级人物了。

爱因斯坦宅邸内大致维持了他当年居住时的格局，展示了他生前各个时期的照片、相对论的学术资料、上课的录音带等。其中还包括他在报纸上刊登的招生启事和他的成绩单，资料详细而清楚地记录了爱因斯坦的生平事迹。

伯尔尼大教堂

(Bern-Münster)

必游之地 MUST-VISIT PLACES

Münsterplatz 1, 3000 Bern

搭巴士 12 至 Zytglogge 站

(0)31 312 0462

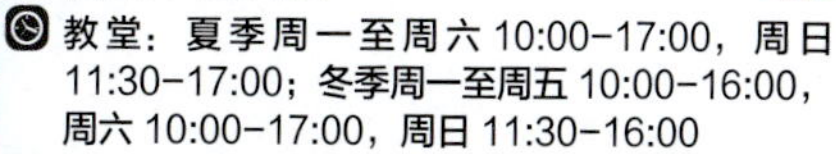

教堂：夏季周一至周六 10:00-17:00，周日 11:30-17:00；冬季周一至周五 10:00-16:00，周六 10:00-17:00，周日 11:30-16:00

教堂：免费。高塔：成人 5 瑞士法郎，7~16 岁儿童 2 瑞士法郎

www.bernermuenster.ch

可在询问处租借英文语音导览，费用为 5 瑞士法郎

高塔在教堂关闭前 0.5 小时停止入内

伯尔尼的大教堂是全瑞士最大的宗教建筑，其高达 100 米的钟塔也是瑞士之最。这座哥特式的教堂自 1421 年开始兴建，但直到 1893 年才完工，总共历时 4 个世纪之久，由此可见工程之浩大，其也因此成为伯尔尼市具有代表性的建筑之一。教堂最著名的是正门上精细繁复、色彩明艳的雕饰，上面共雕刻了 234 个栩栩如生的人物。其表现的主题是“最后的审判”，在正义女神的左边是天堂，右边则是地狱。教堂内的彩绘玻璃也相当有名，其中一面描绘的是“死亡之舞”，这虽是欧洲教堂设计中常见的题材，但在伯尔尼大教堂的“死亡之舞”中，死神总是以调皮捣蛋的姿态出现。

教堂的高塔是另一个吸引人的地方，但是 254 级的阶梯爬起来并不轻松，如果还有体力的话，再往上爬 90 级到达塔顶，将能获得更佳的视野。从塔顶上俯瞰市区，你将深深为它着迷，老城的朱红斜瓦在高低错落的房屋中仍透露出一种和谐的美，碧绿的阿勒河像一条翡翠的腰带般将城市紧紧缠绕，迎面而来的柔风也立刻将游客攀爬 300 多级阶梯的疲劳一扫而空。

历史博物馆及爱因斯坦博物馆 (Historisches Museum Bern&Einstein Museum)

Helvetiaplatz 5, 3005 Bern

搭电车 3、5、19 至 Helvetiaplatz 站即达

(0)31 350 7711

周二至周日 10:00–17:00（周一休息）

常设展：成人 13 瑞士法郎，6~16 岁儿童 4 瑞士法郎

爱因斯坦博物馆（含常设展）：成人 18 瑞士法郎，6~16 岁儿童 8 瑞士法郎

特展（含全馆）：成人 18 瑞士法郎，6~16 岁儿童 13 瑞士法郎

www.bhm.ch

从钟楼往南过了基兴费尔德桥（Kirchenfeldbrücke）后，便看到一栋像是童话城堡一般的房子，那便是历史博物馆。伯尔尼历史博物馆是全瑞士第二大历史博物馆，展出的内容包罗万象，从远古的埃及文化与塞尔特人（Celts）遗物，到中世纪的武器盔甲、宗教圣器，收藏数量庞大。

博物馆的 2 楼便是万众瞩目的爱因斯坦博物馆，其展厅以爱因斯坦生命中的各个时期作为分区，从 1879 年他在德国乌尔姆（Ulm）的出生、苏黎世联邦理工大学的求学阶段、伯尔尼的黄金岁月时期、在柏林受到纳粹的压迫，一直到在美国普林斯顿大学的任教与终老。这当中自然也包括了 1905 年的“奇迹年”（the Wonder Year）与“相对论”（Theory of Relativity）的详细介绍。透过馆藏与生动的电子影像，人们不但可以对这位天才物理学家的生平有更深入的认识，也能了解 19 世纪末、20 世纪初的犹太人在欧洲的生活处境。

玫瑰园

(Rosegarten)

星级推荐

- 搭巴士 12 至 Bärengraben 站，沿着熊苑对面的小路上坡，或是搭巴士 10 至 Rosengarten 站即达
- 3—11 月 9:00 至次日凌晨
- 免费
- www.rosengarten.be

《世界遗产名录》中的伯尔尼老城，有没有一处地方可以把大教堂在内的旧城全景一览无余呢？在与旧城只有一河之隔的玫瑰园，就有足够高的地势得以饱览旧城景色。虽然在玫瑰园的东侧便有一处巴士站，但伯尔尼人最喜爱的方式还是从熊苑对面的小路悠闲地踱步上山。要提醒游客的是，由于玫瑰园位于伯尔尼旧城的东边，因此最好是在上午前往，这样想要拍几张旧城风光照的游客才不会遇到逆光的问题。

既然名为玫瑰园，想必是一座以种植玫瑰为主的花园，事实上，这里种植的玫瑰品种和数量都蔚为可观。在玫瑰园里总共种植了 223 种不同品种的玫瑰，共计 18 000 多株，同时还有 200 种鸢尾花和 28 种杜鹃花，每当花季，园里一片花团锦簇、万紫千红，犹如人间仙境。

阿尔卑斯博物馆
(Schweizerisches Alpines Museum)

- Helvetiaplatz 4, 3005 Bern
- 搭电车 3、5、19 至 Helvetiaplatz 站即达
- (0)31 350 0440
- 周二至周日 10:00-17:00，周四 10:00-20:00（周一休息）
- 成人 12 瑞士法郎，优惠票 10 瑞士法郎，6~16 岁儿童 6 瑞士法郎
- www.alpinesmuseum.ch

阿尔卑斯博物馆位于历史博物馆对面，外表看起来并不起眼，但里面却是别有洞天。博物馆一楼的主题是阿尔卑斯山的自然景观，一走进大门，便仿佛乘着飞行器来到了阿尔卑斯上空，从马特峰（Matterhorn）到贝尔尼纳（Bernina），整个阿尔卑斯山系的立体模型都浓缩在这间展示厅里，雄伟的山峰走势，让人看得入神。除了山脉模型之外，这里还有许多高山动物的标本与矿石切块，让游客对阿尔卑斯山的生态体系与地质结构都有整体的认识。

博物馆二楼展示的是阿尔卑斯山的人文风情，穿着传统服饰的山区居民模型向游客展示着高山生活的各个方面，而冬季狂欢节所穿戴的恶魔面具，也吸引好奇的人一探究竟。此外，这里也以模型和照片的方式，介绍了探险家们如何征服这些山峰。大量的照片与画作，表现出这群登山者面对高山时的心境，也让无法亲临峰顶的人们向往。

保罗·克利艺术中心 (Zentrum Paul Klee)

必游之地 MUST-VISIT PLACES

- Monument im Fruchtland 3, 3006 Bern
- 搭巴士 12 至 Zentrum Paul Klee 站即达
- (0)31 359 0101
- 周二至周日 10:00–17:00（周一休息）
- 成人 20 瑞士法郎，优惠票 18 瑞士法郎，6~16 岁儿童 7 瑞士法郎；表演加展览票价 10 瑞士法郎
- www.zpk.org
- 艺术中心内禁止拍照

保罗·克利是 20 世纪初最重要的画家之一，而他的故乡就在伯尔尼。保罗·克利在 27 岁时离开伯尔尼到德国定居，在那里他成为包豪斯学院（Bauhaus）的名师之一，并与好友康丁斯基（Wassily Kandinsky）发展出短暂却又对画坛影响深远的“蓝骑士画派”（Blauer Reiter）。保罗·克利的画放弃了对物体表象的追求，转而用抽象的线条与色块来组合画面，有时甚至整个画面均由几何符号构成。这种视觉上的纯美学已超脱了宗教、政治等目的，成为艺术的表现，而这些诗意的抽象线条对保罗·克利来说，比任何惟妙惟肖的物体投影都要真实。

保罗·克利艺术中心 2005 年才建造完成，为了能与克里的作品相衬托，建筑本身的造型也特别出色，而这正是设计出巴黎蓬皮杜文化艺术中心与柏林波茨坦广场的当代建筑大师伦佐·皮亚诺（Renzo Piano）的杰作。艺术中心内收藏了 4 000 多件保罗·克利的作品，其中有许多是克利家族的私藏，使得这里成为全世界克利的作品收藏最丰富的美术馆。

伯尔尼3D展示 (Bern Show)

搭巴士12至Bärengraben站即达（在游客中心内）
(0)31 328 1212
3—5月与10月每日10:00-16:00，6—9月9:00-18:00，10月10:00-16:00，11月至次年2月周五至周日11:00-16:00（每个场次20分钟）
成人3瑞士法郎，6~16岁儿童1瑞士法郎
www.berninfo.com

伯尔尼3D展示其实是在熊苑游客服务中心里的一个小剧场，这个剧场结合投影影片、可活动的立体模型、各种声光特效与实体的机关道具，以生动有趣的方式向游客展示伯尔尼建城800多年来的历史，可作为游历伯尔尼旧城前的一个楔子。要注意的是，伯尔尼3D展示有英语、德语、法语、意大利语、西班牙语及日语场次，入场之前请先注意该场播放的语言。

Confiserie Tschirren巧克力店

Kramgasse 73, 3011 Bern
搭巴士12至Zytglogge站，沿Kramg东行即达
(0)31 812 2122
周一至周五7:00-18:30，周六06:30-17:00（周日休息）
www.swiss-chocolate.ch

瑞士巧克力世界有名，而伯尔尼也是瑞士生产巧克力的名镇之一，譬如以三角形造型闻名的Toblerone，就是伯尔尼的巧克力品牌。而位于伯尔尼旧城区精华地段的Confiserie Tschirren，是当地一家老字号的巧克力店，成立于1919年，至今已有90年的历史，在东京、伦敦等国际大都市也都设有分店。他们所售卖的巧克力全是由自己生产制作，因此既新鲜又地道，其中尤以松露巧克力（Tuffle）的人气最高。

Altes Tram-depot 酒吧

星级推荐

- Gr. Muristalden 6, 3006 Bern
- 搭巴士 12 至 Bärengraben 站即达（在游客中心内）
- (0)31 368 1415
- 夏季 10:00-00:30，冬季 11:00 至次日凌晨（热食供应为 11:00-23:30）
- 主菜 19.5 ~ 42.5 瑞士法郎
- www.altestramdepot.ch

熊苑游客服务中心后方的 Altes Tramdepot 原本是一栋旧车站建筑，现在则成为伯尔尼最热门的啤酒酒吧。这里的啤酒完全是自家酿造，而且酿造的地点就在这家餐厅里，全都是新鲜甘醇的佳酿。这里的啤酒种类很多，无论是小麦啤酒、黑啤酒、淡啤酒等，这里都能畅饮得到。而且 Altes Tramdepot 还会不时更换酒牌，使得啤酒种类更加多样化。来这里如果不知道要喝什么才好，建议点一份 10.4 瑞士法郎的试喝组合（Sampler），一份里共有 3 杯 2 000 毫升的不同啤酒，让你知道自己最喜欢的是哪一款。

而到了伯尔尼，常常可以在菜单上看到一种叫作伯尔尼大盘（Bernerplatte 或 Bernerteller）的菜肴，那是把各种火腿、熏肉、香肠等肉类放在一起，再配上水煮马铃薯、酸菜、黄芥末等配菜一同食用，是当地的特色料理，在 Altes Tramdepot 也吃得到。

少女峰地区

少女峰地区一直以来都是瑞士人气绝顶的观光重镇，尤其是由少女峰、僧侣峰及艾格峰这 3 座海拔 4 000 米上下的山峰所形成的三峰鼎立的山色，更是少女峰地区深入人心的经典画面。而全欧洲最长的阿莱奇冰川（Aletschgletscher）也同样吸引全球各地的登山客不远千里前来挑战。

少女峰地区几个重要的进出城市，包括位于山脚入口的城市因特拉肯（Interlaken）及是多条健行路线起点的格林德尔瓦尔德（Grindelwald）、文根（Wengen）、劳特布伦嫩（Lauterbrunnen）等城镇，都是相当受欢迎的度假胜地，他们之间的交通工具多为登山火车、缆车，尤其是欧洲屋脊——少女峰的少女峰铁道最有人气。在这里，只需要短短 2 小时，就可以翻山越岭来到高 3 454 米的少女峰车站，一窥冰雪世界的究竟。也难怪这里在旺季时可达到每天最高 4 000 人次的搭乘量。

除了登顶之外，来到少女峰地区也不能错过这里的健行步道。少女峰一带的健行步道规划完整，其中不少步道绵延于山腰之间，坡度和缓，环境轻松惬意，还可以与大自然亲密接触，是相当受游客欢迎且令人期待的户外旅程。

少女峰地区交通

如何到达——飞机

从中国国内出发，无国际线航班直达该地区，需搭乘飞机至苏黎世或日内瓦机场，再转乘火车抵达。

如何到达——火车

少女峰地区有不少的城市，其中因特拉肯位于群山及两湖之间的中心地带。从苏黎世至因特拉肯没有直达的火车，需在伯尔尼或是卢塞恩转乘。搭乘 IC 由伯尔尼经图恩 (Thun) 直达因特拉肯需 53 分钟，由卢塞恩经布里恩茨 (Brienz) 搭乘 IR 则需 2 小时。由日内瓦出发，可以选择搭乘 IC 于伯尔尼转车，总车程需 2 时 40 分。而瑞士景观列车中最有名的黄金快车（Golden Pass Line）也经过因特拉肯东站，从卢塞恩出发需 2 小时，从蒙特勒出发需在兹怀斯文（Zweisimme）转车，总车程约 3 小时。

要注意的是，在因特拉肯有 2 个火车站：因特拉肯东站（Interlaken East）与因特拉肯西站（Interlaken West），东站是前往少女峰山区及瑞士东部区域的主要车站，西站则是前往伯尔尼及瑞士南部的车站，两车站之间的距离不远，无论是搭火车还是公交车，车程都在 10 分钟之内。

市区交通

少女峰地区的城镇都不大，一条主要街道贯穿整个小镇，最适合步行观光。较具规模的因特拉肯市区也可搭乘邮政巴士 102、103 或 21 号穿越市区，往来于东、西火车站之间。

地区交通

区域内的大众交通工具非常方便，山城之间的交通可利用登山铁道、缆车或邮政巴士连接，湖岸区域则可搭乘火车、游湖船或沿湖巴士。因特拉肯及图恩也提供租车服务，但比较适合湖区游玩，若要开车前往山区，只能抵达格林德尔瓦尔德（Grindelwald）和劳特布伦嫩（Lauterbrunnen）。

火车

因特拉肯、布里恩茨湖及图恩湖沿岸都属于私铁 BLS 系统，仍可使用瑞士通票，前往少女峰地区则属于少女峰登山铁道系统，使用瑞士通票只有部分路段免费。少女峰登山铁道依据轨道宽度分为 BOB、WAB、JB 登山铁道，各景点间的火车票皆可分段购买，使用瑞士通票只能免费搭乘 BOB 登山铁道从因特拉肯东站出发，抵达格林德尔瓦尔德、文根（Wengen）、劳特布伦嫩（Lauterbrunnen）、穆伦（Mürren），前往少女峰车站（Jungfraujoch）需另外购买 WAB 及 JB 系统的车票，但可享有七五折票价优惠。需要注意的是，前往格林德尔瓦尔德及劳特布伦嫩虽然是两个不同方向，但车厢是相连的，行驶到茨韦吕契嫩才会分开，上车前须注意目的地。

若只想安排一日往返的行程，可购买由格林德尔瓦尔德出发，经小夏戴克展望台至少女峰车站，回程由文根下山的接驳车票，票价 127 瑞士法郎。前往佛斯特（First）或雪朗峰（Schilthorn）则需转乘空中缆车，持有瑞士通票可享半价优惠。如果停留的天数较长，建议使用周游券比较划算。

BLS

www.bls.ch

少女峰铁道系统

www.jungfrau.ch

巴士

以因特拉肯为中心点，邮政巴士经由西边图恩湖北岸前往图恩，由南岸则是前往东部的布里恩茨湖方向，与铁路系统相接正好可环湖一周。格林德尔瓦尔德有当地的巴士系统 Grindelwald Bus，可前往邻近山区景点。周五至周日凌晨 0:00-3:00，还有夜间巴士 Moonliner M41 往来于因特拉肯、劳特布伦嫩及格林德尔瓦尔德。

邮政巴士

www.postauto.ch

格林德尔瓦尔德巴士

www.grindelwaldbus.ch

游船

如果时间充裕的话，徜徉在如翡翠般碧绿的图恩湖及布里恩茨湖上，慢慢航行到因特拉肯，才是最能感受瑞士的玩法。从图恩出发的游船运行时间为每年 4—12 月上旬，从布里恩茨出发的游船则为每年 4—10 月。

BLS

www.bls.ch

租车

Avis（图恩）

(0)33 437 2484

www.avis.ch

Europcar（因特拉肯）

☎ (0)33 823 2840

www.europcar.ch

Hertz（因特拉肯）

☎ (0)33 822 6172

www.hertz.ch

少女峰铁道周游券

每年夏季(5—10月)发行的少女峰铁道周游券，6天内可以无限次搭乘山区的登山火车、空中缆车、电缆车及巴士，非常适合没有瑞士通票或是准备逗留3天以上，每天会前往不同展望台的游客，票价210瑞士法郎，若持有瑞士通票另享优惠票价160瑞士法郎。周游券的使用范围不包含穆伦至雪朗峰的吊篮缆车，以及小夏戴克展望台(Kleine Scheidegg)至少女峰展望台间的JB登山铁道，但可以半价购买前往少女峰展望台的车票，票价55.5瑞士法郎。周游券在该地区的车站、旅馆及当地旅行社都能买到。

www.jungfrau.ch

区域畅游券

区域畅游券同样是夏季发售（5—10月），使用区域涵盖整个伯尔尼高地(Bern Oberland)。无限畅游区域包含少女峰地区的登山铁道、空中缆车、湖区的铁路、巴士、游湖船等；半价区更扩大至伯尔尼、代堡(Chateau-d' Oex)及布里格(Brig)等地。7日畅游券包含任选3天无限畅游和4天折扣票价优惠，成人头等座282瑞士法郎，二等座233瑞士法郎；15日畅游券包含任选5天无限畅游和10天折扣票价，成人头等座347瑞士法郎，二等座290瑞士法郎，持瑞士通票都有八折优惠。需注意的是小夏戴克展望台—少女峰车站、穆伦—雪朗峰都属于半价区。若所持有的瑞士通票属于弹性票，且留在此区的时间较长，建议可搭配区域畅游券使用。

www.regiopass-berneroberland.ch

游客卡

只要你住在因特拉肯、马腾、下塞恩、贝阿滕贝格、波尼根博宁根、布里恩茨、阿萨尔普、施万登、霍夫施泰滕、上里德、哈布凯恩、伊瑟尔特瓦尔德、灵根贝格、格尔兹维尔、下里德、维尔德斯维尔、格施泰格维勒—萨克斯滕等城镇的旅馆内，就会获得一张游客卡。出示游客卡可免费搭乘上述这些区域内的公交车，参观博物馆、城堡、观光导览行程，租船、租单车，进入攀岩场、高尔夫球场、游泳池、保龄球场、赌场等娱乐场所，也可享有免费或折扣优惠，有效期至退房当日。

www.interlaken.ch

旅游咨询

因特拉肯游客服务中心

Höheweg 37, 3800 Interlaken

(0)33 826 5300

10 月至次年 4 月周一至周五 8:00-12:00、13:30-18:00，周六 9:00-12:00；
5—6 月周一至周五 8:00-18:00，周六 8:00-16:00；
7—8 月周一至周五 8:00-20:00，周六 8:00-17:00，周日 10:00-16:00；
9 月周一至周五 8:00-18:00，周六 9:00-13:00

www.interlaken.ch

彼阿腾贝格游客服务中心

Hälteli 400d, 3803 Beatenberg

(0)33 841 1818

周一至周五 8:00-12:00、13:30-17:30，周六 9:30-12:00

www.interlaken.ch

图恩游客服务中心

Thun railway station, 3600 Thun

(0)33 255 9000

周一至周五 9:00-18:30，周六 9:00-16:00，7—8 月周日 9:00-13:00

www.thun-tourismus.ch

布里恩茨游客服务中心

Hauptstrasse 143, 3855 Brienz

(0)33 952 8080

5—6 月中旬周一至周五 8:00-12:00、14:00-18:00，周六 9:00-12:00、14:00-17:00；
6 月中旬至 10 月周一至周五 8:00-18:00，周六 9:00-13:00、14:30-18:00，周日 10:00-13:00、15:00-17:00；
10 月至次年 4 月周一至周五 8:00-12:00、14:00-17:00

www.brienz-tourismus.ch

格林德尔瓦尔德游客服务中心

Dorfstrasse 110, 3818 Grindelwald

(0)33 854 1212

周一至周五 8:00-12:00、13:30-18:00，周六 8:00-12:00、13:30-17:00，周日 9:00-12:00、13:30-17:00

www.grindelwald.ch

穆伦游客服务中心

Kontakt Informationen, 3825 Mürren

(0)33 856 8686

10 月至次年 4 月 8:30-19:00，5—9 月周一至周六 8:30-12:00、13:00-17:30

www.mymuerren.ch

精华景点

因特拉肯 (Interlaken)

全天

免费

因特拉肯顾名思义是“两湖之间”的意思，而它就位于布里恩茨湖和图恩湖的中间，是一座具有独特地理环境的城市，再加上这里是通往少女峰的主要门户，一边有湖光山色的美景，一边有白雪皑皑的阿尔卑斯群峰围绕，因此成为瑞士著名的度假城市。

因特拉肯主要有两个火车站，东站是前往少女峰山区的交通枢纽，西站则可以前往苏黎世、日内瓦湖区及伯尔尼，两站间以何维克大道（Höheweg）连接，步行大约 20 分钟。由于大多数游客会选择在此过夜，第二天再前往少女峰游览，琳琅满目的商店和来自四面八方的游客常常使因特拉肯十分热闹，游客可以在何维克大道上买到名牌钟表、珠宝和服饰，也能找到有当地特色的纪念品，许多商家也会为满足游客的需求而延长营业时间。

除了商业化的繁荣景象，漫步在因特拉肯也是非常悠闲的事情。顺着阿勒河（Aare River）散步，欣赏旧市区的传统房舍和建于 15 世纪的市政厅；前往市场街的假日市集，体验一下瑞士人的生活；或是哪儿都不去，静静地坐在何维克大道中段的荷黑马特公园，眺望夕阳下被染成粉色的少女峰，沉浸在明信片般的风景中。

布里恩茨湖与图恩湖
(Brienzersee& Thunersee)

必游之地 MUST-VISIT PLACES

距离因特拉肯东站最近的布里恩茨湖码头为 Interlaken East Brs，从后站出站即可抵达；距离因特拉肯西站最近的图恩湖码头为 Interlaken West Ths，出西站后即在车站西面的河边。布里恩茨码头（Brienz Brs）位于布里恩茨火车站南侧外，图恩码头（Thun Ths）位于图恩火车站东侧外

(0)58 327 4811

www.bls.ch

图恩湖在阳光下闪耀着温润的翡翠绿，四周是幽静的景致，小巧可爱的村庄散落在湖岸的如茵绿地上，若不是教堂尖塔上的钟声划破宁静，真让人以为走入画中；布里恩茨湖则号称全瑞士最干净的湖泊，湖岸被茂密的森林、险峻的山崖及无数瀑布所环绕。来到因特拉肯一定要搭乘游船到这两座湖泊上一游，虽然搭船比较花费时间，但清澈的湖水，映衬着远方少女峰的皑皑白雪，这种景致足以让人在多年以后仍然念念不忘。

因特拉肯东、西火车站后侧的游船码头，不论是往东到布里恩茨，或者往西到图恩，都很方便。如果不使用瑞士通票，建议搭配套票安排半日游行程比较划算，例如：布里恩茨湖游船搭配巴伦堡露天博物馆（Ballenberg Open-Air Museum）的门票，及码头至博物馆的接驳公车票，头等座 88 瑞士法郎，二等座 64 瑞士法郎。此外，也有搭配美食的游船行程，如 4—10 月图恩湖的早安巡航，9:40 从图恩码头出发，一边享受湖光山色，一边享用美味早餐，平日供应欧式早餐，周日为丰盛的自助式早午餐；夏天的晚上，还有附晚餐与音乐表演的夜间行程。

彼阿腾贝格
(Beatenberg)

必游之地 MUST-VISIT PLACES

- 从因特拉肯西站出发，可搭乘邮政巴士10117号至彼阿腾贝格。也可搭乘图恩湖游船或 STI 巴士 21 号至湖边的比滕布切特码头，再转乘地面缆车约 10 分钟抵达
- 4 月下旬至 11 月中旬，空中缆车 8:20-17:20，7—8 月的周二和周五最后下山班次延长至 22:20；地面缆车 8:04-18:04，7—8 月的周二和周五延长至 22:40；11 月中旬至 4 月中旬，空中缆车停驶，地面缆车仅周一至周五 8:04-17:24 运行
- 比滕布切特至彼阿腾贝格的地面缆车，单程 7.8 瑞士法郎，往返 15.6 瑞士法郎；彼阿腾贝格至尼德峰的空中缆车，单程 28 瑞士法郎，往返 39 瑞士法郎。使用瑞士通票或少女峰铁道周游券免费
- www.niederhorn.ch

彼阿腾贝格是少女峰地区的村庄，从彼阿腾贝格缆车站出发，沿着几乎水平的山麓向东延伸，房舍、农庄和随意走动的牛羊零星散落在道路两旁的斜坡草地上。这里最适合傍晚抵达，阳光洒下一层金粉，波光粼粼的图恩湖搭配连绵不绝的山陵线，一边散步，一边欣赏雪白的山头慢慢渲染成瑰丽的粉红色，怎么走也不累，只希望永远走不到村庄的尽头。

从彼阿腾贝格搭乘空中缆车，只需要 15 分钟就可以抵达尼德峰观景台（Niederhorn），4 000 米以上的高山在眼前一字排开，可以同时看到三山两湖的全景（艾格峰、僧侣峰、少女峰、图恩湖、布里恩茨湖）。建议安排半日游，从湖边搭乘全景式的地面缆车上山，于彼阿腾贝格转乘空中缆车上尼德峰观景台，回程时可选择走和缓下坡至彼阿腾贝格村庄，或搭缆车回彼阿腾贝格车站后，往村庄方向步行一段路，沿途有邮政巴士招呼站，可搭车回因特拉肯西站。

威廉·退尔户外剧场
(Centenary of William-Tell Open-air Theatre)

Tellweg 5, 3800 Matten

从因特拉肯东站或西站搭乘 5 号公交车前往，或是步行从何维克大道转 Centralstr，直走连接 Jungfraustr、Hauptstr 即可抵达

(0)33 822 3722

6—9 月周四、周六 20:00~22:15 或周日 14:30-16:45 演出

根据座位的不同分为 35 瑞士法郎、45 瑞士法郎、58 瑞士法郎三种价格。6~16 岁儿童半价

www.tellspiele.ch

有什么剧场可以只上演一部戏，而且同一部戏剧演出百年却依然吸引无数的观众？每年夏季的夜晚，在因特拉肯北端的卢根森林（Rugen wood）演出的席勒（Friedrich Schiller）剧作《威廉·退尔》就有这份独特的魅力。自 1912 年开始，这部剧里吸引了超过 200 万来自世界各地的游客。

威廉·退尔户外剧场顾名思义是露天演出，舞台是沿着森林山壁搭建的实景舞台，木造房舍都是实体大小，也会有真实的马匹和牛群出场，有超过 180 名穿着古装的当地演员，虽然不专业，却有不输专业演员的戏剧表演水平。实景剧场从日光演到月光，还会有演员不时从观众身后走出来，令人印象深刻。不过由于全剧以德文演出，建议最好先大概了解故事，才能融入剧情中，现场也有售卖英文版本的节目单。

图恩
(Thun)

从因特拉肯西站出发，搭乘 IC 快车约 30 分钟，或搭乘图恩湖游船约 2 小时抵达

图恩是位于图恩湖西端的城市，阿勒河（Aare）西流而过，将图恩分成新城区、中洲区和河道北边的旧城区。新城区为火车站、码头和商业办公大楼所在地，通过旧式的水闸门木桥连接两岸。中午用餐时间，广场上和木桥旁总是挤满用餐、晒太阳的人。旧城区则从 12 世纪开始发展，城堡及市政厅（Rathaus）前的主要街道都是当时的样貌，充满浓郁的中世纪风情。

图恩古堡

(Schlossmuseum Thun)

Schlossberg 1, 3600 Thun

从图恩旧城区市政厅对面的小巷子向上走即可抵达

(0)33 233 2001

2—3 月 13:00-16:00，4—10 月 10:00-17:00，11 月至次年 1 月周日 13:00-16:00

成人 8 瑞士法郎，使用旅游卡 2 瑞士法郎，使用瑞士通票免费

www.schlossthun.ch

必游之地 MUST-VISIT PLACES

无论从图恩城的哪个角落向北方望去，都不会错过那宛如童话的白色高塔。然而图恩城堡的历史却不如其外表浪漫，最早是作为牢房使用，直到 1186 年柴林根公爵贝希托尔德五世将城堡改建，才有了现在的外观。

一进入图恩城堡就是最重要的区域——骑士厅（Rittersaal），它也是欧洲保存最好的中世纪大厅之一，典型罗曼式建筑的特色表现在挑高 4 米的空间、特别厚的外墙及阁楼炮塔的设计，目前展示古代军服和武器。爬上通往阁楼的木头楼梯，是豁然开朗的老城区及阿尔卑斯群山风光，东边的教堂尖塔搭配闪耀绿宝石光芒的图恩湖，让人仿佛走进了童话世界。骑士厅往下走则是历史博物馆，展示伯尔尼地区及伯尔尼高地近 400 年来的生活及历史，其中包含家具、农耕用具、瓷器及玩具收藏等。

赖兴河瀑布 (Reichenbach Fall)

搭乘火车至麦林根（Meiringen），沿指示标往南步行约 20 分钟，或搭乘邮政巴士至 Wiligen Reichenbach 站，再至缆车站搭乘登山缆车上山，缆车路程约 7 分钟

(0)33 972 9010

缆车运营时间为 5 月中旬至 10 月上旬 9:00–11:45、13:15–17:45；7—8 月每日 9:00–18:00（每 15 分钟 1 班）

成人单程 7 瑞士法郎，往返 10 瑞士法郎；优惠票单程 6 瑞士法郎，往返 8 瑞士法郎

www.reichenbachfall.ch

在世界推理小说名著《福尔摩斯》系列的最后一册《最后一案》中，名侦探福尔摩斯与他的死对头莫里亚蒂教授双双跌入了瀑布的深渊里，而这个场景，作者柯南·道尔（Conan Doyle）情有独钟地将它设定在瑞士麦林根的赖兴河瀑布。

麦林根位于布里恩茨以东不远处，因为赖兴河瀑布壮美的景色而成为一处观光胜地，尤其是在《最后的案件》出版之后，更是有许多福尔摩斯迷从世界各地专程前来。因为和福尔摩斯有深厚的渊源，村子里到处都看得到福尔摩斯的影子，这里甚至还有一座福尔摩斯博物馆，是仿照他在小说中的住处来建造的。而游客可以在瀑布左边的石壁上看到一处特别做了记号的地方，那便是福尔摩斯与莫里亚蒂坠落之处，虽然是虚构的人物和故事，但澎湃的急流却也能让人充满无限的想象。

木雕博物馆
(Holzbildhauerei Museum)

Hauptstrasse 111, 3855 Brienz

从因特拉肯搭乘火车抵达布里恩茨，需 20 分钟。出布里恩茨火车站后，沿车站前方的 Hauptstrasse 西行即达

(0)33 952 1300

12 月、2—4 月周二至周六 13:30-17:30，5—9 月 9:00-18:00，10 月周二至周六 9:00-12:00、13:30-17:30（1 月、11 月休息）

成人 5 瑞士法郎，16 岁以下儿童免费。10 人以下导览，每人 15 瑞士法郎

www.jobin.ch

布里恩茨是瑞士重要的林业重镇，其传统木雕工艺的历史相当悠久，大部分居民至今仍以木雕为生，也使布里恩茨“木雕之乡”的美名不胫而走。同时，这里的小提琴制作工艺学校也非常有名。

木雕博物馆成立于 1835 年，为当地传统木雕手工艺巨头的乔宾企业所有。博物馆内收藏有世界上数量最丰富的瑞士木雕艺术品，以及各式各样的精致手工八音盒，所展出的作品约有 500 多件，其中包括 100 多年前耗时 5 年所完成的精美橱柜，以及由整棵梧桐树干雕刻的一群圣伯纳犬，连绳子都是由同一棵木材所雕刻出来的，其做工之细腻，让人大开眼界。博物馆内也可以看到 100 年前使用至今的木雕工作室，假日还可以观赏现场的雕刻表演，这些雕刻师都在当地雕刻学校受过 4 年正规的雕刻训练，经过他们的巧手，原本硬邦邦的木头全被赋予了生命。

想要购买相关手工艺品的游客，可在博物馆旁的乔宾纪念品店购买到木雕艺品、彩绘八音盒、咕咕钟、瑞士军刀、牛颈铃、各式刺绣等值得收藏的工艺品，而且工艺品价钱还算公道。

巴伦堡露天博物馆 (Schweizerisches Freilichtmuseum Ballenberg)

星级推荐

Schweizerisches Freilichtmuseum Ballenberg, 3855 Brienz

从布里恩茨火车站前搭乘邮政巴士至 Ballenberg West, Museum 站，约 15 分钟即抵达

(0)33 952 1030

4—10 月 10:00-17:00（巧克力工厂参观日为周二至周日 13:00-16:00）

成人 20 瑞士法郎，优惠票 18 瑞士法郎，6~16 岁儿童 10 瑞士法郎。使用瑞士通票可免费入场

www.ballenberg.ch

走进巴伦堡露天博物馆就像开启任意门，几分钟前游客还在 18 世纪的瑞士中部农村赞叹那几乎垂到地面、铺满稻草的斜屋顶，下一刻已走过爬满葡萄藤的鹅黄色屋舍，打开 19 世纪日内瓦湖畔的酒庄大门，再顺着斜坡往下，意大利语区独有的小小石砌农舍出现在转角，而烟熏腊肠的香味正从窗口飘散开来。

露天博物馆占地面积达 66 万平方米，拥有上百座 14—19 世纪间瑞士不同区域的代表性建筑。游客可以走进每栋屋舍，看看这些木造建筑的卧室、厨房、浴室等，想象前人的生活情景。在户外的农场与原野上，也依古代村庄的模式豢养了许多农庄动物，乳牛、骏马、猪仔、绵羊等家畜自由自在地在草原上漫步，衬着远处山峰的白雪，颇有走进童话世界的梦幻意境。

这里也有许多旧时的作坊，穿着当地特色服装的工人们，使用昔日的传统工具从事生产工作，例如木雕、编篮、纺织、锻造、刺绣、制作芝士和巧克力、烘焙面包等，如果有兴趣学习，他们也很乐意教授游客所有的技巧，让游客亲身参与瑞士的过往生活。根据区域的不同，也提供具有各地特色的传统餐点，而遵循传统时令，博物馆还会举办各式各样的民俗活动，诸如庆典、舞蹈、秋日市集等，详细时间表可事先上网查询。

施陶河瀑布 (Staubbachfall)

- 从因特拉肯搭登山火车至劳特布伦嫩约20分钟，从镇上即可看到
- 冬天因山上冰雪未融，不容易看到瀑布

劳特布伦嫩是个位于冰川U形谷地的小镇，两侧都是垂直高耸的岩壁，若照字面的意义解释，Lauterbrunnen便是“瀑布之镇”的意思，这一带共有72道瀑布奔流直下，而最有名的是施陶河瀑布。施陶河瀑布是全欧洲落差第二大的瀑布，但因为水量不大，所以瀑布落到半途就如同烟尘飘散，而“Staub”在德文中指的正是“尘埃”。歌德来到这里游历时，看到施陶河瀑布飘逸脱俗的景致，一时诗兴大发，留下了《水精灵之歌》（*The Song of Ghosts over Waters*）这首诗作，也让世人对这条瀑布充满了遐想。

特吕默尔河瀑布 (Trümmelbachfälle)

必游之地 MUST-VISIT PLACES

- 搭乘往施特歇尔贝格（Stechelberg）的邮政巴士，在Sandbach站下车即达
- (0)33 855 3232
- 4月上旬至11月上旬，每日9:00–17:00（7、8月为8:30–18:00）
- 成人11瑞士法郎，儿童4瑞士法郎
- www.truemmelbachfaelle.ch

在邮政巴士前往穆伦的路上，会经过一处难得的景观，那就是欧洲唯一一处藏在山体内部的冰河瀑布——特吕默尔河瀑布。

由艾格峰、僧侣峰、少女峰等10条阿尔卑斯冰河融化的水流汇集在劳特布伦嫩，从险峻的高山上奔腾而下，强大的冲击力不断侵蚀着岩石缝隙，日子久了便在山体上形成多处洞穴，甚至直接穿透岩层，流到山体里面。1877年探险家发现了最底部的瀑布，从此这里便成了游客来少女峰地区必访的胜地之一。进入特吕默尔河瀑布，可参观10层激流冲刷的峡谷，最高和最低的瀑布有高达140米的落差，游客可以利用深入岩石的缆车电梯，直接到最高层，再顺着岩石间开凿出的步道，慢慢走下深谷。在漆黑的山洞里，能听到雷鸣般的瀑布声，能看到从岩缝中流泄进来的阳光，让人不禁赞叹大自然的鬼斧神工。

穆伦 (Mürren)

从因特拉肯东站搭乘登山火车至劳特布伦嫩约 20 分钟，于火车站对面搭乘前往 Grüschalp 的空中缆车，约 6 分钟抵达 Grüschalp，再转乘登山铁道约 15 分钟可抵达。也可从劳特布伦嫩火车站外搭乘邮政巴士往施特歇尔贝格，约 12 分钟，下车后转乘 LSMS 空中缆车到穆伦

12 月至次年 4 月上旬的冬季，以及 6—9 月的夏季最适合观光，其他时间许多饭店和餐厅会停止营业

mymuerren.ch

穆伦是个坐落在劳特布伦嫩 U 形谷地岩壁上方的村庄，与对面山壁上的文根遥遥相望，也是通往雪朗峰的主要地点。由于位于断崖绝壁上方，没有通往外界的道路，进出只能依靠登山火车或空中缆车，所以整个村庄一辆车也没有，也因此造就了这个与世隔绝、无空气污染的静谧桃花源。

村庄内，阿尔卑斯山区传统的木屋依山而建，两条主要道路连接东北侧的登山铁道站和西南侧的空中缆车站。放慢脚步欣赏家家户户用心布置的窗台，眼前有花朵缤纷绽放，远方少女峰、僧侣峰及艾格峰远远耸立，似乎触手可及，要不是鸟儿悦耳的歌声和人们的欢笑声，似乎时间都静止了。感受真正的安静悠闲才是走访阿尔卑斯山区的终极目的。

雪朗峰 (Schilthorn)

必游之地 MUST-VISIT PLACES

从因特拉肯前往雪朗峰一定要先到达穆伦，从穆伦搭乘空中缆车上山约 17 分钟

(0)33 826 0007

5 月至 11 月上旬：上山 7:40-16:40、下山 8:33-18:03；11 月中旬至 4 月中旬：上山 8:10-16:40、下山 9:03-18:03。皆为每 0.5 小时 1 班；4 月下旬及 11 月下旬进行设备维修，详细时间变动，可上官网查询

从穆伦到雪朗峰的缆车不属于少女峰铁道系统，无法使用周游券，往返票成人 74 瑞士法郎，儿童或持有瑞士通票为 37 瑞士法郎。若是从施特歇尔贝格出发，经穆伦到雪朗峰的缆车往返票成人 94.8 瑞士法郎，儿童或持有瑞士通票 37 瑞士法郎。另有早安票及黄昏票优惠，8:55 前上山及 15:25 后下山享受七五折优惠

www.schilthorn.ch

在肖恩·康纳利第一次宣布不再接演英国情报员007后，1969年出品的《007》系列第六部电影《女王密使（*On Her Majesty's Secret Service*）》，决定到以360°视野著称的雪朗峰拍摄外景。制作方为了在高达2970米的雪朗峰山顶拍一场枪战，同时为了情节需要，最后决定出资修建观景台和旋转餐厅，并在拍摄完成后捐给当地政府。

雪朗峰的美景因《007》系列电影为世人所知，然而电影口碑不佳，现在上山的游客，没有多少人看过《女王密使》，只有片商为了电影拍摄所建的旋转餐厅留在雪朗峰上。真正吸引游客上山的，除了对这部陌生电影的一丝丝好奇，主要还是为了那片辽阔壮观的全景视野。没看过电影的游客，在旋转餐厅的放映室里可以免费欣赏10分钟的电影片段，再回到旋转餐厅，以雪朗峰之美佐餐。纪念品店中也可以买到不少和电影相关的纪念品。

雪朗峰的观景台建于山顶，游客可以绕着观景台环视阿尔卑斯山200多座山峰，奇险的山形不时从云雾里探出头来，皑皑白雪衬着漆黑的岩块，景色绝美动人。山区的对流风非常适合飞行伞盘旋，常常可以看到飞行伞上鲜艳的图案映衬着蓝天白雪翱翔于天际山岭间。如果够有勇气，也可以在教练的协助下，模仿詹姆斯·邦德，亲自尝试一跃而下飞翔于阿尔卑斯山的快感。

少女峰车站 (Jungfraujoch)

必游之地 MUST-VISIT PLACES

从茵特拉根东站出发，不论是经由格林德尔瓦尔德还是劳特布伦嫩，上山的首班车都是6:35发车，末班车为15:05（10月26日至5月1日为14:05）；从少女峰车站下山的末班车为17:50（10月26日至5月1日为16:40）

位于少女峰登山铁道终点站的少女峰车站，本身就是一个有趣的高山娱乐中心，其设施包含了餐厅、瞭望台、冰宫、邮局等，还可以走出车站，来一趟冰上健行，体验各式高山活动。

高3454米的少女峰车站是欧洲最高的火车站。车站在少女峰、僧侣峰及艾格峰的环绕下可以远眺阿莱奇冰川，更是令人兴奋不已。

如果想留个纪念，车站里还设有邮局，游客不妨买张当地的明信片，盖上有“欧洲屋脊”印记的邮戳，在这个欧洲最高的邮局寄出，更是别有意义。

少女峰铁道 (Jungfraubahnen)

必游之地 MUST-VISIT PLACES

由因特拉肯东站出发可分为两条路线，抵达时间约为2小时20分：西行经过劳特布伦嫩，东行则是经过格林德尔瓦尔德，这两条路线都需要转乘1次，最后都会来到小夏戴克，并且由此地转乘少女峰铁道

(0)33 828 7233

全年行驶，最早班次为8:00，4—10月最后上山班次为16:30，11月至次年3月为15:30，每30分钟发一次车

www.jungfrau.ch

耗时16年开凿、花费了1.5亿瑞士法郎建造的少女峰铁道，途中有10千米路程是穿越艾格峰岩石打造而成，可见其工程的浩大与困难，很难想象这样的铁路竟是在百年之前建造的。

全长 12 千米，全程 52 分钟的少女峰铁道，只有小夏戴克到艾格冰河站的路程行驶于旷野间，其他路段则完全行驶在岩壁之中。火车经过隧道中的艾格北壁站（Eigerwand）以及冰海站（Eismeer）还会短暂停留 5 分钟，游客可以下车在观景台上眺望格林德尔瓦尔德山谷与冰河等景观。不过要注意的是，一趟完美的少女峰铁道之旅，天气绝对是关键，也因此强烈建议事先确认山顶天气，可参考少女峰网页上或是旅馆内的山顶实时气象，也可询问游客中心。

少女峰铁道的响亮名号，不仅来自于瑞士一级景区的光环与极高的人气，还有令人咂舌的昂贵铁路票价。想当天往返少女峰的游客，可以考虑购买早安票或黄昏票（Good Morning /Good Afternoon Ticket），5—10 月，乘坐当天第一班火车前往少女峰车站，并在中午 12:30 以前由山顶车站下山，或是 15:30 从小夏戴克上山，这样的票大约可以省下 15% 的支出。但若持有瑞士通票，由于已享有更优惠的七五折，且可免费乘车到格林德尔瓦尔德，则无须赶在一大早搭车。

格林德尔瓦尔德 (Grindelwald)

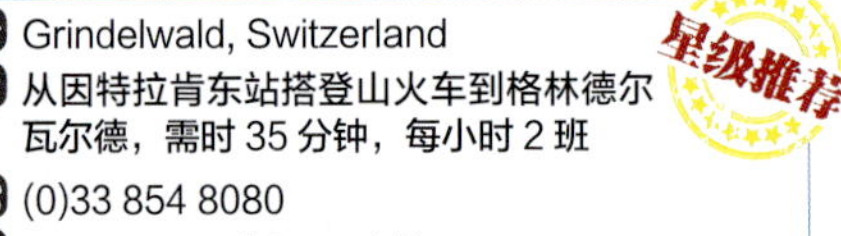
Grindelwald, Switzerland
从因特拉肯东站搭登山火车到格林德尔瓦尔德，需时 35 分钟，每小时 2 班
(0)33 854 8080
www.maennlichen.ch/de

星级推荐

坐落在艾格峰山谷里的格林德尔瓦尔德，从 17 世纪开始就是度假胜地，是游客搭乘铁路前往少女峰途中一座令人惊艳的淳朴小镇，点缀在一片无尽绿野中的它，总是令游客回首张望。车站前的 Haupt-strasse 和 Dorf-Strasse 为村庄的主要街道，走到头也只要 20 分钟。街道两侧都是旅馆、餐厅及商店，生活设施便利再加上是进出少女峰的重要枢纽，让格林德尔瓦尔德成为少女峰地区的“山间活动天堂”。

从格林德尔瓦尔德出发，可搭乘缆车前往佛斯特展望台，前往梅利菲展望台则可在邻近的格林德尔瓦尔德的格伦德车站转乘缆车。夏日到此旅行，周围山区有不少健行路线可以选择，可以体验在山间巧遇乳牛、欣赏阿尔卑斯花朵的有趣画面；冬天，这里也是著名的滑雪胜地，同样值得游客造访。

乡土博物馆 (Heimat Museum)

- Heimatmuseum Grindelwald, 3818 Grindelwald
- 车站前的 Haupt-strasse 向东连接 Dorf-Strasse，看到 Dorf 教堂即抵达
- (0)33 853 4302
- 2—3 月：周二、周五 15:00-18:00；6 月至 10 月中旬：15:00-18:00（周六、日休息）
- 成人 6 瑞士法郎，儿童 2 瑞士法郎
- www.heimatmuseum-grindelwald.ch

想要了解阿尔卑斯山地道的乡村文化与历史，那么这座乡土博物馆就一定可以满足你。乡土博物馆的经营者是当地一位亲切的老先生，他凭着对古物的热爱，自己由各处搜罗来各种旧时使用的阿尔卑斯农具、家具等，缆车初建时期的历史数据、模型及当时使用的滑雪椅、滑雪鞋，以前男士穿着西装、女士穿着裙装的登山滑雪装备。

冰河峡谷 (Gletscher Schluch)

- 从火车站前的巴士总站搭乘往 Gletscher Schlucht 的公交车
- 6 月、9 月—10 月 10:00-17:00，7—8 月 9:00-18:00
- 7 瑞士法郎

如果是炎热的夏季来此地，一阵凉透心脾的风从峡谷深处吹来，游客光是站在入口处，就有瞬间降温 10℃的清凉感。冰川峡谷是由下格林德尔瓦尔德冰川融水长年累月向下亲蚀而成，走在岩石下的木头步道，仰头看两岸高达 100 米的险峻峭壁，脚下是如万马奔腾的冰川雪水，让人不禁感慨大自然的强大力量。步道长约 1 千米，入口处有水晶博物馆和冰川峡谷餐厅，博物馆内展出伯尔尼高地的各种矿石。

佛斯特展望台 (First)

- 从格林德尔瓦尔德车站前的 Haupt-strasse 东行约 10 分钟，抵达 BGF 吊篮缆车站，搭乘缆车上山
- 缆车运行从每日 8:30 开始，最后下山时间根据季节调整，一般为 16:15—17:00，7 月至 8 月中旬为 16:15—19:00，各缆车站门口都会贴上当日末班车时间
- 单程 32 瑞士法郎，往返 54 瑞士法郎。使用少女峰铁道周游券免费，使用瑞士通票半价优惠

佛斯特展望台是距离格林德尔瓦尔德村庄最近的人气景点之一，搭乘缆车上山只需要短短 30 分钟，就能从高 1034 米的村庄升至 2168 米的展望台。途中的缆车站外可以同时眺望上格林德尔瓦尔德冰川（Oberer Grindelwald-gletscher）及下格林德尔瓦尔德冰川（Untere Grindelwald-gletscher）。展望台外的露天咖啡馆环境相当舒服，有阳光的下午，金黄色的光芒洒在山棱线上，从东到西可以看到韦特霍恩（Wetterhorn）、上格林德尔瓦尔德冰河、施雷克峰（Schreckhorn）、艾格峰、小夏戴克及少女峰，从东边看三山，感觉更是特别奇妙。

展望台周围的户外活动很多，喜欢刺激的游客可以选择搭乘“First Flieger”，乘坐单人吊椅以时速 84 千米的速度俯冲向有 800 米落差的施雷克站（Schreckfeld）。运营时间为 10:00-16:30，每人 25 瑞士法郎，搭配格林德尔瓦尔德至展望台的缆车套票为 75 瑞士法郎。喜欢健行的游客可以选择巴哈阿尔普湖健行路线，或是从施雷克站向山下走回格林德尔瓦尔德，这一段路程约 2.5 小时，大致沿着缆车下方行走，施雷克站到 Bort 站的景色较开阔，冰河和艾格峰的景色随着道路变化而有所不同，经过 Bort 站后会进入山林间，直到接近村庄时才豁然开朗。

梅利菲展望台

(Männlichen)

MUST-VISIT 必游之地 PLACES

从格林德尔瓦尔德搭乘前往小夏戴克展望台方向的火车，于 Grindelwald Grund 下车，出站后向右走约 3 分钟至缆车站，搭乘缆车约 30 分钟抵达

缆车运行时间为 08:00-17:00，下山末班车为 17:30，但根据季节略有调整，建议上山前于缆车站口确认当日最末班车时间

单程 36.6 瑞士法郎，往返 62 瑞士法郎。使用少女峰铁道周游券免费，使用瑞士通票半价优惠

www.maennlichen.ch

被巍峨壮阔的山峰环绕，少女峰尽收眼底，梅利菲展望台就因为这独一无二的全景风光，成为少女峰人气最高的展望台。在展望台上绕一圈，东边是格林德尔瓦尔德、佛斯特展望台和施雷克峰，南边有少女峰、僧侣峰及艾格峰，西边可看到雪朗峰、文根及劳特布伦嫩谷地，北侧则是高 2 343 米的梅利菲山顶（Männlichen Gipfel），登顶的往返路程只要 40 分钟。

梅利菲展望台坡度平缓，除了展望露台、餐厅、户外咖啡馆、缆车站以外，雪量充足时还有儿童滑雪游乐园。一整片银白世界的冬季，裸露的黑色岩石刻画着高山险峻，是滑雪爱好者一展身手的舞台；夏季辽阔的高山草原开满嫩黄的小花，平缓的步道有徐徐微风吹过，最适合轻松健行。从梅利菲出发的健行路线很多，只要跟随标识就不会迷路，推荐由梅利菲展望台到小夏戴克展望台的健行路线。

如果不打算健行，可以安排小环游行程，从文根搭乘缆车上山至梅利菲展望台，再从通往格林德尔瓦尔德的缆车站下山，可看到不同风景，环游票（Round trip）成人为 60 瑞士法郎，使用瑞士通票半价。

住在少女峰地区

维多利亚少女峰温泉大酒店
Victoria-Jungfrau Grand Hotel&Spa

★★★★★

Höheweg 41, 3800 Interlaken

(0)33 828 2828

单人房 603 瑞士法郎起，双人房 696 瑞士法郎起（依日期变动）

www.victoria-jungfrau.ch

克雷布斯酒店
Hotel Krebs

★★★★

Bahnhofstrasse 4, 3800 Interlaken

(0)33 826 0330

单人房 185 瑞士法郎起，双人房 270 瑞士法郎起（依季节变动）

www.krebshotel.ch

湖泊酒店
Hotel Du Lac

★★★★

Höheweg 225, 3800 Interlaken

(0)33 822 2922

单人房 120 瑞士法郎起，双人房 200 瑞士法郎起（依季节变动）

www.dulac-interlaken.ch

度诺德酒店
Hotel Du Nord

★★★★

Höheweg 70, 3800 Interlaken

(0)33 827 5050

单人房 175 瑞士法郎起，双人房 280 瑞士法郎起（依日期变动）

www.hotel-dunord.ch

阿托斯酒店
Hotel Artos

★★★

Alpenstrasse 45, 3800 Interlaken

(0)33 828 8844

单人房 115 瑞士法郎起，双人房 184 瑞士法郎起（依季节变动）

www.artos-hotel.ch

贝耶乌尔酒店
Hotel Bellevue

★★★★

Marktgasse 59, 3800 Interlaken

(0)33 822 4431

单人房 99 瑞士法郎起，双人房 153 瑞士法郎起

www.hotel-bellevue-interlaken.ch

艾格峰酒店
Eiger Selfness Hotel
★★★★

Dorfstrasse, 3818 Grindelwald
(0)33 854 3131
淡季：单人房 150 瑞士法郎起，双人房 260 瑞士法郎起；旺季：单人房 210 瑞士法郎起，双人房 370 瑞士法郎起（依季节及日期变动）
www.eiger-grindelwald.ch

吉斯巴哈大酒店
Grand Hotel Giessbach
★★★★

Grandhotel Giessbach, 3855 Brienz
(0)33 952 2525
淡季：单人房 140 瑞士法郎起，双人房 220 瑞士法郎起；旺季：单人房 150 瑞士法郎起，双人房 240 瑞士法郎起（依季节变动）
www.giessbach.ch

布里恩茨酒店
Hotel Brienz
★★★

Hauptstrasse 254, 3855 Brienz
(0)33 951 3551
淡季：单人房 90 瑞士法郎起，双人房 150 瑞士法郎起；旺季：单人房 110 瑞士法郎起，双人房 180 瑞士法郎起（依季节变动）
www.hotel-brienz.ch

格林德尔瓦尔德青年旅舍
Jugendherberge Grindelwald（Youth Hostel）

Geissstutzstrasse 12, 3818 Grindelwald
(0)33 853 1009
YH 会员夏季每人 35.7 瑞士法郎起，冬季每人 36.7 瑞士法郎起；
非会员夏季每人 35.7 瑞士法郎起，冬季每人 36.7 瑞士法郎起
www.youthhostel.ch/grindelwald

迈恩费尔德

望不尽的绿野与丘陵是迈恩费尔德给人的第一印象。徒步走在小镇步道上，清脆的牛铃伴随着脚步一路回荡在耳边，任谁都会对这个小城镇一见钟情。这样的景色与清幽的气氛不仅吸引了无数游客前往，更在 19 世纪时启发了瑞士作家约翰娜・斯比丽（Johanna Spyri）夫人的创作灵感。

迈恩费尔德不仅是典型的瑞士山城，也是著名的葡萄酒产区，然而，真正让这座小镇闻名全球的，却是斯比丽夫人笔下的小女孩“海蒂”的故事。这部享誉全球的著名小说，就是以迈恩费尔德为背景。作者斯比丽夫人为了拜访两位住在迈恩费尔德附近的同学，时常来到迈恩费尔德游玩，并在四周游历散步，这里的人、事、物深深感动了斯比丽夫人，也让她在多年后将自己对迈恩费尔德的印象，逐步转化为文字，创作出阿尔卑斯少女——海蒂的故事。

为了追忆这一段过往，现在的迈恩费尔德也在小镇里重现了故事的场景，让游客能够亲身体验“海蒂”故乡的淳朴魅力。

迈恩费尔德交通

如何到达——火车

迈恩费尔德是非常小的火车站，需由邻近较大的城市转搭火车前往。由库尔至迈恩费尔德，约 15 分钟可达。从苏黎世搭火车出发则需在萨尔甘斯（Sargans）转乘，车程约 1 小时。

市区交通

市区景点皆在步行距离之内，行程可安排海蒂之路的健行，再参观海蒂之家主题博物馆。海蒂之路健行难度较高，建议准备一双舒适的登山鞋。

旅游咨询

游客服务中心

Im Städli, 7304 Maienfeld

(0)81 330 1912

www.heidiwelt.ch

迈恩费尔德的观光活动主要由 HEIDIWELT 联盟共同经营，并由其提供各种旅游的相关信息。镇上的旅游服务中心则设于市中心广场的海蒂之店（Heidi Shop）内。

精华景点

海蒂之家主题博物馆 (Heididorf)

必游之地 MUST-VISIT PLACES

- Heididorf Postfach, 7304 Maienfeld
- 由海蒂霍夫旅馆左手边小路步行5分钟可达
- (0)81 330 1912
- 3月中旬至11月中旬 10:00–17:00
- 成人7瑞士法郎、儿童3瑞士法郎，10人以上团体可享9折优惠
- www.heididorf.ch

虽然海蒂的故事可以用任何一处瑞士山区作为背景，但是由于约翰娜·斯比丽夫人当初就是来到迈恩费尔德探望好友并从事著作，因此迈恩费尔德被认定为海蒂故乡。而在这个海蒂之家里，你可以看到书中所描述的往日情景。

在这座已有300年历史的小房舍中，海蒂与彼得正相对而坐，桌上还放着海蒂尚未完成的功课；2楼的一角，可以看到海蒂爷爷做到一半的木工，时间恍若静止，这里刻画的不仅是书中的画面，更是瑞士山间小镇的历史。

除了博物馆之外，屋舍外面还有一座小农场，可以近距离地跟小羊亲近；门外的草地上也有放牧的牛群，不时传来“叮当”的牛铃声。虽然博物馆的设施简单，但也能重现出那一段纯净单纯的往日时光。

Eggtorkel 历史酒窖

- Kruseckgasse 1, 7304 Maienfeld
- (0)81 302 4826
- 5—11 月的周二至周五
- www.eggtorkel.ch
- Eggtorkel 采取预约制，所有访客皆需提前预约

来到迈恩费尔德的游客都不难发现，这是个被葡萄园包围的可爱小镇。迈恩费尔德世代以种植葡萄、酿制葡萄酒为业，是瑞士著名的葡萄酒产区。位于市中心的这家历史酒庄建于 1813 年，而酒庄内的木制葡萄压榨机器（Torkel）更有超过 500 年的历史，虽然葡萄酒已移至他处酿造，但来此试饮葡萄酒或品尝餐点，仍然颇具趣味。

无论是来此品酒、买酒，或是请店家安排餐点，酒窖皆是采取预约制，所有想到此地一探究竟的游客，可以直接上网填写预约单。

大 / 小海蒂之路 (Grosser/ Kleiner Heidiweg)

- Grosser/Kleiner Heidiweg
- 步行
- 全天
- 免费

迈恩费尔德镇上规划的两条海蒂健行路线，以蓝色与红色路线分别代表大、小海蒂之路。红色的小海蒂之路 (Hediweg) 是故事中海蒂冬天时的居所，以火车站为起点，沿途经过镇上各个与海蒂相关的景点，厚实的木屋和亲切的羊群带你缓缓走回往昔的悠悠岁月，绕一圈正好回到火车站。小海蒂之路走完全线仅需 1.5

小时，且坡度平缓，走起来轻松惬意。

而以蓝色路标指示的大海蒂之路，可前往海蒂夏天时的活动区域——海蒂牧场（Heididalp），这里不仅可以看到彼得的小屋，山顶附近还有书中的经典场景——爷爷的小木屋。这条路线其实就是斯比丽夫人常漫步到邻村的绿茵小径，沿途为牧场原野所围绕，足以过滤掉人们心中的一切忧愁。不过，游览大海蒂之路全程需 4 小时左右，且道路较为崎岖，若要前往，别忘了穿戴适合登山的衣物。

海蒂喷泉 (Heidi brunnen)

在大、小海蒂之路的起点

在海蒂的故事里，海蒂和他的好朋友彼得时常歇脚、喝水的小喷泉，在迈恩费尔德也真实重现。海蒂喷泉位于蓝色健行路线的起点，是在 1953 年由以“儿童们的未来”为名的募捐善款所兴建。喷泉石雕把海蒂与她的宠物小羊准备喝水的模样，刻画得生动有趣，一旁公园里还附设烤肉炉灶，在这样纯净自然的环境中与家人一起郊游烤肉，也是不错的选择。

库尔

库尔扼守着阿尔卑斯山脉向南的交通要道，又是莱茵河冲积平原的起点，因此自古以来就是瑞士东部的重要关口。根据最新的考古研究，早在公元前 1000 年时就有聚落在库尔形成，可以说是瑞士历史最为悠久的城市。

库尔在瑞士发展史上也扮演了重要的角色，约在公元 280 年的罗马时代，库尔就是罗马公路系统中联络北欧与罗马的要冲；公元 451 年时，这里正式成为主教教区并持续了千年之久，为天主教的传教中心，吸引了欧洲的信徒，进而繁荣了库尔城镇。

走进库尔城镇，就会发现这里与其历史一样，充满了浓浓的中世纪风情，很难想象，这里曾经在 1464 年时被一场大火摧毁。这场空前绝后的大火不仅彻底改变了库尔的市容，更改写了库尔的历史。在此之前这里原是属于罗曼语区，但为了大火后的重建，一批批来自德语区的艺术家、工匠不断涌入，他们引进当时最流行的北意石造建筑风格重整市镇，赋予了库尔全新的哥特式市镇景观，而其使用的德语也使得罗曼语受到排挤，使罗曼语在库尔城逐渐消失。从此，库尔成为一个同时拥有罗曼文化精神、北意市镇风格，但使用德语沟通的有趣城市。

库尔交通

如何到达——火车

库尔是格劳宾登州的首府，也是重要的火车转运站，包括冰河快车、贝尔尼纳快车与阿罗萨快车（Arosa Express）都经过此地。从苏黎世搭火车来到库尔，每小时有2班车，最快约1小时15分到达；由卢塞恩前往库尔则需在Thalwil转车，每小时1班车，车程需2小时8分。从采尔马特乘冰河快车至库尔，夏季每日4班车，冬季每日仅1班，车程最快5.5小时。从意大利的蒂拉诺（Tirano）乘贝尔尼纳快车到库尔，每日只有1班车，车程4小时23分。

市区交通

库尔市中的旧城区大都已规划为步行区，车辆必须停放在旧城区外围的公用停车场。火车站前的班霍夫广场（Bahnhofplatz）则是主要的巴士转运点，可以在此搭乘大众交通工具。

租车

Avis

Kasernenstrasse 37

(0)81 300 3377

www.avis.ch

Europcar

Bahnhofplatz 1

(0) 81 252 0247

www.europcar.ch

旅游咨询

火车站游客服务中心

Bahnhofplatz 3 POB 115, 7001 Chur（火车站内）

(0)81 252 1818

周一至周五 8:00-20:00，周六 9:00-12:15、13:15-18:00，周日10:00-12:00、13:15-18:00

www.churtourismus.ch

图西斯游客服务中心

Äussere Bahnhofstrasse, CH-7430 Thusis（火车站旁）

(0)81 650 9030

周一至周五 7:00-18:45，周六、周日 7:00-18:30

www.viamala.ch

精华景点

库尔旧城
(Old Town Chur)

Chur 7000, Switzerland
(0) 81 252 1818
免费
www.chur.ch

拥有全瑞士最悠久的城市历史，库尔的旧城自然也成为观光重点之一，不过，实地走访库尔旧城区，就会发现这里的建筑并不如想象中的古老。实际上，库尔现存的旧城建筑大都建于16世纪，因为1464年的库尔大火，几乎将以木造屋舍为主的市区毁坏殆尽，当地居民在重建时，为了防止灾难重演，特别使用了以石头为主要建材的北意哥特式建筑风格，也因此赋予了库尔如此独特的城市景观。

走在库尔旧城时，不妨留意沿途屋舍墙上的精美壁画，这些壁画诉说了屋子过往的风华历史，仔细观察，还可以发现壁画上有各种图案。另外，游客也可以看到野生山羊（英文为 Steinbok，德文为 Steinböcke）图案的建筑或喷泉，这种长着长角的羊生活在阿尔卑斯高山上，因此被瑞士人赋予“自由”的象征意义，而当地人也取其自由之意，以这种羊作为格劳宾登州的代表图案。

大教堂
(Kathedrale St. Himmelfahrt)

从圣马丁教堂旁的 Kirch-grass 进入，沿着阶梯向上即可抵达
(0) 81 252 2076
免费
www.bistum-chur.ch

库尔从5世纪开始，就是天主教教区，也因此成为天主教的圣地之一。现在看到的大教堂属于罗马式的建筑风格，其于12世纪即开始修建，费时百年，直到公元1272年才修建完成。教堂与四周庭院包含了一座巴洛克式的主教宫及受俸者的住处，宛如一个独立城镇。在过去，四面八方不断涌入的朝圣者，都是由教堂安排住宿，并提供工作机会，也因此许多朝圣者在赚了钱后，都会

主动捐献或修缮教堂，使教堂内部装饰呈现出巴洛克、哥特式等不同时期的多元建筑风格，与教堂外的朴实大相径庭。

教堂规划有导览行程，为 4—9 月的周日 14:30—15:30（确切时间每年略有变动，请上网查询），不需预约，全程以德语解说，费用成人为 6 瑞士法郎、16 岁以下儿童免费。

市政厅 (Rathaus)

由火车站前的车站街（Bahnhofstrasse）前行，接邮政街（Poststrasse）后，市政厅即位于左手边

在 1464 年发生的历史性市区大火中，库尔的市政厅也同时付之一炬，现今的库尔市政厅则是以原圣灵医院（Spital zum Hl Geist）为基础修建而成。

在导游的带领下，游客可以进入库尔市政厅内参观，其中尤以国会议事厅最为有趣。瑞士属于直接民主制，部分半州（half-canton）目前仍维持全州人民举手表决重要议题的传统。走进并不宽敞的议事厅，保存良好的木质天花板诉说着这个议事厅的悠远历史，而一旁画工精美的瓷制火炉建于公元 1735 年，除此之外，议事厅设计也相当简洁。

圣马丁教堂 (Kirche St. Martin)

Martinsplatz

由火车站前的车站街（Bahnhofstrasse）前行，接邮政街（Poststrasse）到头即抵达

免费

库尔1464年的大火，让卡洛林王朝（Carlolingian）在公元8世纪建造的教堂几乎毁坏殆尽，1491年，信徒在过去教堂的基础上重建，才有了圣马丁教堂。教堂原先信奉天主教的福音宗派（Evangelisch），但是由于信徒对主教在灾后重建时表现的冷漠相当反感，因此于16世纪宗教改革后正式改信新教，也因此让库尔从此成为同时拥有天主教的新教城市。

圣马丁教堂外观上最为醒目的，自然是那一柱擎天式的尖塔。尖塔建于1918年，当时新教徒为了与建在山丘上的天主教大教堂一分高下，硬是建了一座比天主教大教堂还高的尖塔，来象征他们的信仰比旧教更接近上帝，其心态不禁令人莞尔。

阿卡斯广场 (Arcasplatz)

从圣马丁教堂沿 Oberegasse 西行，再向南穿越任意一条巷弄即达

保存良好的屋舍为阿卡斯广场营造了库尔城镇的中世纪美感；一座座古老的房舍包围着偌大的广场，很难想象直至1971年，这里还是充斥着仓库的混乱画面。

阿卡斯广场上不少的房屋过去都是倚靠着库尔城墙建造，如今城墙随着时代演变而消逝，仅留下这些房舍供后人回想当年的城市景观。现在的阿卡斯广场林立着不少露天餐厅及咖啡馆。每周六早上，阿卡斯广场还会成为生鲜市集，售卖各式库尔当地生产、种植的农作物与土特产，热闹非凡。

上城门 (Obertor)

从圣马丁教堂沿 Oberegasse 西行即抵达

中世纪时，库尔四周皆拥有完整的城墙与城门，时至今日则仅存两座城门可供缅怀，而这座上城门就是其中之一，其造型、颜色与历史意义，使得它成为库尔的标志性建筑之一。

上城门建于公元 1583 年，是过去人们进出库尔城的主要通道，白天是人声鼎沸的干道，晚上则关门以保障城内居民的安全，直至现在，上城门仍然维持这样的传统。今日游客们来到上城门下，走在附近的街道上，既能感受旧时车马杂沓的模样，也能享受旅游时的那份闲适。

维亚玛拉峡谷 (Viamala)

必游之地 MUST-VISIT PLACES

由库尔搭乘火车至图西斯（Thusis），车程 30 ~ 35 分钟，再转乘邮政巴士至齐利斯维亚玛拉峡谷站，7 分钟可达

(0)81 650 9030

4 月、11 月 9:00-18:00，5—9 月 8:00-19:00，11 月至次年 3 月不开放

成人 5 瑞士法郎，6~16 岁儿童 3 瑞士法郎

www.viamala.ch

维亚玛拉原意本指“难行之路”，可见这里地势崎岖的程度，1473 年道路才被打通。在过去，维亚玛拉一带属于意大利与瑞士的交通要塞，许多来自威尼斯的商队，都必须从维亚玛拉前往瑞士境内。由于地势险恶，不少人在途中失足掉入深谷，维亚玛拉也因此有了“邪恶”之意。

将维亚玛拉切割出来的后莱茵河，德文原意是“莱茵森林冰川”。维亚玛拉峡谷深度在 250 到 300 米之间，走下 321 级的阶梯到达谷底，就可以近距离地观察到深达数尺的壶穴，可见冰川冲击的力道。而下方冰川融化成的河水，水呈现灰蓝色且相当湍急，颇为壮观。悬崖边上的小路也令人啧啧称奇，原来这就是过去商队的行经路线，难怪意外频传。另外，跨越维亚玛拉，高约 70 米的石桥则建于 1739 年，据说过去河水可以涨至石桥下方，难以捉摸的大自然力量，令人深深叹服。

卡尔仙纳史前遗迹 (Carschenna)

- Gästeinformation Viamala, 7430 Thusis（维亚玛拉游客中心）
- (0)81 650 9030
- www.thusis-viamala.ch
- 由于地处偏远且位于车辆不可进入的保护区内，建议先向图西斯游客服务中心或旅游业者询问相关信息及交通方式

这个地理位置偏远的史前遗迹，是1965年工人在附近建造电塔时无意间发现的，由于发现时间较晚，因此相关的研究尚不全面。根据初步鉴定，这个以螺旋纹路为主体的石雕，雕刻时间约在公元前2 000年的新石器时代早期至公元前750年的青铜器时代晚期。据推测这样的图形有可能具有宗教意义，也可能是记录了部落财产所在位置的地图，而人形、马形的图案也被认为可能是为记录当时车队经过维亚玛拉的情形。目前在英国的苏格兰与西班牙都发现了类似遗迹，他们也同样充满了史前的神秘色彩，亟待考古学家一一解密。

多姆勒什城堡群 (Domleschg)

MUST-VISIT PLACES 必游之地

- Domleschg

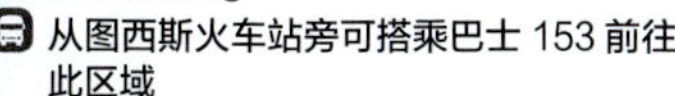

- 从图西斯火车站旁可搭乘巴士153前往此区域

- 全天

- 免费

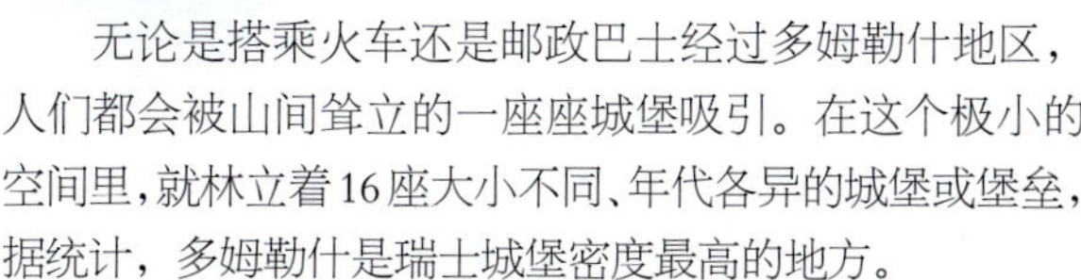

无论是搭乘火车还是邮政巴士经过多姆勒什地区，人们都会被山间耸立的一座座城堡吸引。在这个极小的空间里，就林立着16座大小不同、年代各异的城堡或堡垒，据统计，多姆勒什是瑞士城堡密度最高的地方。

多姆勒什城堡林立，主要是由于这里位于瑞士向南的主要通道，自古就是重要的交通隘口，有不少当地人通过收取过桥、过路费而致富，并建立起一座座城堡炫耀自己雄厚的资产。另外，也是因为位于附近的库尔是主教教区，吸引了众多传教士前往朝圣，因此在库尔附近的多姆勒什一带兴建了这些城堡作为修道之用，长年累月的发展后，才造就了今日多姆勒什城堡群。

洛伊克巴德

早在公元前 4 世纪，罗马人就发现此地温泉的疗效，不远千里而来，歌德、大仲马和马克·吐温也都曾在此游历。现在这个藏身于瓦莱州（Valais）山中的小村落，以温泉水出名，陡峭壮观、如屏风般的巨大岩壁形成特殊的地貌景观，加上多样化的户外活动，让这里一跃成为瑞士境内最具规模的山区温泉水疗中心。

洛伊克巴德最著名的是具有疗效的温泉，居民的生活也与温泉息息相关。全区超过 65 个涌泉，每日约有 3.9 万立方米、水温高达 51℃的温泉水自地底冒出，除了供应 30 个室内外温泉以外，使用后的泉水还可以回收利用，水力发电足以供应全村所有电力，而埋在街道地下的温泉管，还可以保持冬季路面不结冰。

旧市区的多夫广场是全村庄的中心，广场上可以看到标有圣罗伦特（St. Lorent）泉源位置的石牌，市区街道上也常常可见有温泉水流出的小喷泉池。村内有四家公共温泉和无数只限房客使用的旅馆温泉池，最知名的是伯格贝（Burgerbad）和林登阿尔卑斯（Linder Alpentherme）水疗中心。此外，周边的吉米隘口和托伦山在冬季是滑雪胜地，夏季有风光明媚的健行路线，是不可错过的游览胜地。

洛伊克巴德交通

如何到达

无论从哪个城市前往洛伊克巴德，都必须先搭乘火车至洛伊克（Leuk），再自洛伊克火车站转乘前往洛伊克巴德的 LLB 专车，车程约 30 分钟。如果无特殊状况，巴士发车时间都会刚好配合火车到站时间，所以可以顺利转乘，不需担心。若是从采尔马特地区或少女峰地区前来，都需先在菲斯普转车至洛伊克。

瑞士国铁

www.sbb.ch

LLB 巴士

www.llbreisen.ch

市区交通

在村内可以步行的方式游览，村内对外的交通工具为巴士，而要到附近山上则可以乘坐缆车。

高山与温泉畅游卡

高山与温泉畅游卡仅于夏季发售，冬季另有雪地与温泉畅游卡。使用畅游卡可无限次使用盖米缆车、托伦缆车、伯格贝水疗中心以及林登阿尔卑斯水疗中心，并可以免费搭乘 LLB 所服务的当地巴士，适合想同时体验所有活动的游客，成人 1 日卡 48 瑞士法郎，2 日卡 84 瑞士法郎，购买时需另付 5 瑞士法郎押金，押金于还卡时退回。畅游卡可于缆车站、林登阿尔卑斯水疗中心或游客中心购买。

洛伊克巴德卡

从 2012 年夏季开始，只要入住与旅游局有合作关系的旅馆或出租公寓，就会收到一张洛伊克巴德卡，持卡可免费搭乘 LLB 的当地巴士、健行路线的接驳巴士，免费租用电动脚踏车，根据季节的不同，进入各水疗中心也享有不同的折扣。合作住宿点可在旅游局网站上查询。

旅游咨询

游客服务中心

Leukerbad Tourismus, 3954 Leukerbad（与巴士站在同一栋大楼内）

(0)27 472 7171

夏、冬季（7—10 月及 12 月至次年 4 月上旬）：周一至周五 9:00-12:00、13:15-18:00，周六 9:00-18:00，周日 9:00-12:00；春、秋季（11—12 月及 4 月中旬至 6 月）：周一至周六 9:00-12:00、13:15-17:30（周日休息）

www.leukerbad.ch

精华景点

吉米隘口
(Gemmi Pass)

从巴士站前的 Rathaus 街向上坡方向步行，左转过河后顺着 Lichtenstrasse 直走即抵达缆车站

(0)27 470 1839

盖米缆车：5 月下旬至 11 月中旬 8:00-12:00、13:00-17:30，每 30 分钟 1 班，天气不佳时每小时 1 班，营业时间随月份变动
吉米隘口 - 岛本湖：9:15-16:45

盖米缆车：成人单程 21 瑞士法郎，往返 32 瑞士法郎，13:30 以后上山有 2 瑞士法郎的折扣
吉米隘口 - 岛本湖：单程 6 瑞士法郎，往返 9 瑞士法郎
一日套票 34 瑞士法郎，持瑞士通票 25 瑞士法郎

www.gemmi.ch

来到洛伊克巴德，在泡温泉之余，如果想要健行赏景的话，搭乘吉米缆车上到山顶也是个不错的选择。全新的缆车于 2012 年 7 月修建完成，缆车随着崎岖的山壁渐渐升高，那种胆战心惊的感觉，还真是相当刺激。

吉米隘口是可以追溯至公元 13 世纪的历史古道，因为此处的开通正式打通小村落的对外交通，使其成为洛伊克(Leuk)城的一部分。高 2 350 米的吉米隘口(Gemmipass)上，有个美丽的高山湖泊——岛本湖（Daubensee），在岛本湖的周围有许多条健行步道，在夏天时是健行的好去处。走在步道上面，你也可以欣赏到隆河河谷的景观，十分漂亮。值得一提的是，在每年 7 月的最后一个星期天，岛本湖畔会举办一年一度的牧羊人节（Sheperd’s Festival）。这是居住在当地的牧羊人和农夫们会面的好时机，他们虽然居住在同一个山区，但常常因为高山阻碍了平常往来的机会。

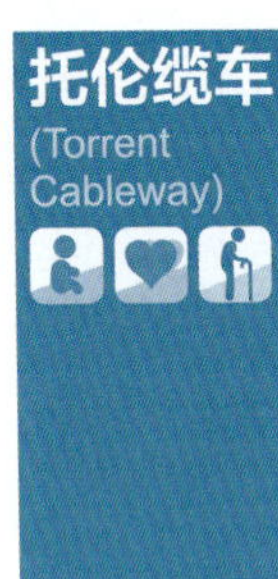

托伦缆车
(Torrent Cableway)

必游之地 MUST-VISIT PLACES

- 从林登阿尔卑斯水疗中心旁的道路向南走约 5 分钟可抵达缆车站
- (0)27 472 8110
- 夏季 7—10 月 8:45-12:15、13:10-17:15，每 30 分钟 1 班，气候不佳时每小时 1 班；冬季 12 月至次年 1 月 8:45-16:20，2 月至 4 月上旬 8:45-16:35
- 夏季成人单程 21 瑞士法郎，往返 32 瑞士法郎；冬季成人往返 32 瑞士法郎，滑雪通行票（Ski Pass）52 瑞士法郎
- www.torrent.ch

洛伊克巴德村庄南边是高 2997 米的托伦峰（Torrenthorn）及高 2350 米的林德呼特山（Rinderhütte mountain），从村庄南侧搭乘托伦缆车，约 15 分钟即可抵达林德呼特缆车站（Rinderhte），观景台就建立在屏风岩的上方，正好与村庄北边的吉米隘口遥遥相望。由于此地大多时候天气晴朗，常可看到老鹰利用上升气流盘旋于天空，一览瓦莱州 4 000 多米的山群。天气好的时候，还能看到远方终年积雪的罗莎峰（Monte Rosa）和马特峰（Matterhorn）。

从林德呼特观景台以上至托伦山峰，整片山区几乎都是中高难度的滑雪坡，冬天是滑雪者挑战极限的好地方。从观景台一路向下的路段更是惊险，由于坡度太陡，看不见前方，有种随时要冲向悬崖的刺激感。不会滑雪的游客，建议试试从林德呼特缆车站至山腰 Torrentalp 缆车站的健行路线，全程约 1.5 小时，前段路程平缓，视野开阔，可以眺望洛伊克巴德市区和罗讷河河谷，后段会穿越林地及一个可爱的小村落，到达缆车站，再从这儿搭缆车回林德呼特缆车站。

伯格贝水疗中心
(Burgerbad)

Rathausstrasse 32, 3954 Leukerbad

星级推荐

巴士站往下坡方向步行约 5 分钟抵达

(0)27 472 2020

主题温泉池 8:00-20:00；桑拿浴 10:00-20:00

3 小时券：成人 22 瑞士法郎，17~20 岁青年 18 瑞士法郎，9~16 岁儿童 13 瑞士法郎
一日券：成人 28 瑞士法郎，17~20 岁青年 22.5 瑞士法郎，9~16 岁儿童 15.5 瑞士法郎
桑拿蒸气浴需另加价 8 瑞士法郎

www.burgerbad.ch

伯格贝水疗中心是欧洲山区最大的温泉水疗中心，也是政府公立的水疗中心，有 10 种温泉主题水疗池，从 28℃的标准室内温泉泳池到 43℃的高温洞窟桑拿浴池应有尽有。最受欢迎的是户外水疗池，包含瀑布水柱、按摩池、旋涡池、步行池等，全身浸泡在富含矿物质的温泉水中，高压水柱稳定持续地拍打按摩身体，能有效舒缓紧绷的肌肉，由于水温不高，即使夏天也非常舒适。伯格贝水疗中心有瑞士第一个温泉滑水道，还有儿童戏水池和供应比萨的餐厅，所以受到许多家庭游客的青睐。

若是单纯地泡汤看山景不过瘾，不妨参加水疗中心举办的主题水疗日，例如每月中旬的周日上午 9:30 会举办香槟早餐（Champagne breakfast），泡在池中享用新鲜芝士、面包、熏鲑鱼，搭配香槟及果汁，不只身心，连舌间都能品尝到幸福。需提前预约，每人 42 瑞士法郎的费用中包含餐点和一日温泉使用券；每天早上 9:15 及 11:00 还会在室内泳池举办两场水中有氧健身操，不需额外付费即可参加。此外，伯格贝水疗中心与周围的旅馆合作，只要入住指定的酒店即可免费入场。

采尔马特

若要为每个国家选出最具特色的地标，美国自然是自由女神像；法国则是埃菲尔铁塔；来到瑞士，就非马特峰莫属。马特峰奇特的金字塔造型，是许多人对瑞士山峰的第一想象，而拥有眺望马特峰绝佳视野的采尔马特，自然也成为瓦莱州（Valais）最具人气的阿尔卑斯山城。

采尔马特自古即是一个自给自足的小山城，1820 年时，第一批挑战采尔马特周边山峰的英国登山者来到这里，并以此处作为登山起点。1865 年，来自英国的登山家温帕（Whymper），由东北棱登顶成功，采尔马特自此开始涌进各种渴望征服马特峰的登山者。之后，随着高纳葛拉特登山铁道的开通，马特峰也不再遥不可及；只要乘坐火车，33 分钟后即可近距离欣赏终年积雪的马特峰，因此也更加成就了采尔马特百年不褪的人气光环。

采尔马特地区的天气多为晴朗干燥，空气纯净且能见度高，适合户外活动。夏季，这里是徒步者的天堂，沿着蜿蜒在山间的小道，可以从不同角度观赏马特峰及外围 37 座山峰的巍峨姿态。冬季这里则是雪上活动乐园，超过 300 千米的滑雪道吸引了来自全球的滑雪爱好者。而为了保持采尔马特山城里清新质朴的特色，采尔马特镇上还特别采取车辆禁行的规定，来到这里，不妨体验乘坐马车的趣味之旅。

采尔马特交通

如何到达——飞机

从中国国内出发，无国际航班直达此地区，需搭乘飞机至苏黎世或日内瓦机场，再转乘火车抵达。

如何到达——火车

搭乘火车可在布里格或菲斯普转乘进出采尔马特的 BVZ 私铁系统，持有瑞士通票的游客可直接持票免费搭乘。每小时都有车由布里格、菲斯普两站出发前往采尔马特，由布里格出发需 1 小时 30 分钟，由菲斯普出发则约需 1 小时；从苏黎世至采尔马特需 3 小时 15 分，从日内瓦出发约 3 小时 50 分。此外，采尔马特也是冰川列车的终点站，由圣莫里茨搭乘冰川列车至此约 8 小时，由库尔出发为 5 小时 40 分钟。

火车票可在火车站的售票机购买，但想要乘火车游玩瑞士的游客，最好先在旅行社购买瑞士通票。

瑞士国铁

www.sbb.ch

冰川列车

www.glacierexpress.ch

Matterhorn Gotthard Bahn

(0)27 927 7474

www.mgbahn.ch

如何到达——自驾

由于采尔马特实施车辆禁行规定，若要开车前往，需将车开至离采尔马特约 5 千米远的 Täsch，并停放至车站前的公共停车场，再搭乘每 20 分钟 1 班的接驳火车（Zermatt Shuttle）或接驳出租车前往采尔马特，火车车程 12 分钟，往返票 15.6 瑞士法郎。停车场有免费推车服务，搬运行李也非常方便。

地区交通

采尔马特的城镇面积不大，市区内的景点与车站皆步行可达，相当方便，从火车站到最远的马特峰冰川天堂（Matterhorn glacier paradise）缆车站，步行也只要 20 分钟。若要乘车，只要持有任何一张缆车票，全年皆可搭乘环镇的电动巴士 Bergbahnen 路线，每 10 ~ 12 分钟 1 班。此外，火车站广场上也有不少电动出租车及马车提供载客服务，饭店也大多会配合火车到站时间，准备电动车或马车供游客运载行李。前往山区则可搭乘登山火车或空中缆车。

全景通行证

全景通行证可无限次通行于马特峰冰川天堂、黑湖（Schwarzsee）、罗特洪峰（Rothorn），并可免费进入冰宫，但需注意不包含高纳葛拉特火车票。成人一日券 128 瑞士法郎，二日券 146 瑞士法郎，9—16 岁儿童半价，9 岁以下儿童免费，使用瑞士通票无其他折扣。适合停留天数较少的游客。

高山通行证

预计在采尔马特停留 3 天以上，且有计划玩遍 3 种上山路线的游客，建议购买高山通行证。通行证可无限次使用全区交通工具，包含马特峰冰川天堂（含冰宫门票）、黑湖、罗特洪峰以及高纳葛拉特铁道沿线。旺季（6 月中旬至 9 月下旬、11 月下旬至次年 4 月下旬）成人三日券 190 瑞士法郎，淡季（4 月下旬至 6 月中旬）成人三日券 171 瑞士法郎，6~16 岁儿童半价，6 岁以下儿童免费。使用瑞士通票在 4 月下旬至 11 月下旬享优惠价 143 瑞士法郎。

旅游咨询

游客服务中心

- Bahnhofplatz 5, 3920 Zermatt（火车站旁边）
- (0)27 966 8100
- 6 月中旬至 9 月每日 8:30–18:00；10 月至次年 6 月上旬周一至周六 9:30–12:00、13:30–18:00，周日 8:30–12:00、16:00–18:00
- www.zermatt.ch

阿尔卑斯高山导游中心

- Bahnhofstr. 58, 3920 Zermatt
- (0)27 966 2460
- 16:30–19:00、10:00–12:00
- www.zermatt.ch/alpincenter

在阿尔卑斯高山导游中心，可找到各种高山活动所需的高山向导，另外这里也提供高山活动的相关信息。

精华景点

车站街
(Bahnhofstrasse)

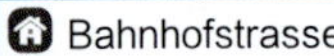

Bahnhofstrasse

出采尔马特火车站即是车站街

全天

免费

身为瑞士数一数二的阿尔卑斯人气山城，逛街购物自然也是少不了的观光活动，车站街由采尔马特火车站向南延伸至天主教堂，不到500米的街道上，林立着各式运动用品店、纪念品店、餐厅、旅馆等，令人眼花缭乱。尤其是样式繁多的登山用品，从衣、帽到登山、滑雪用具、背包等，应有尽有，虽然价格上不见得比国内便宜，但各商店常有不定期折扣商品，喜欢登山的游客不妨到这里逛逛，或许会有不错的收获。

由于村庄禁止车辆进入，除了游客和装备齐全的登山者以外，穿梭在街上的电动车和响着铃声的马车是车站街最常见的景象。特别是夏日早上9:00和傍晚17:00左右，山坡上的牧羊人家会带领山羊群往返村庄下的牧草地，牧童赶着羊群大摇大摆穿越车站街，叮叮当当的悦耳铃声响遍村庄，是最热闹有趣的景象。

马特峰博物馆 (Matterhorn Museum)

MUST-VISIT 必游之地 PLACES

- Kirchplatz 11, 3920 Zermatt
- 由车站街直走，看到教堂即达
- (0)27 967 4100
- 12 月中旬至次年 4 月上旬 15:00–19:00，周五延长至 20:00；4 月中旬至 6 月、10 月 14:00–18:00；7—9 月 11:00–18:00（11 月至 12 月上旬休息）
- 成人 10 瑞士法郎，优惠票 8 瑞士法郎，10~16 岁儿童 5 瑞士法郎。使用瑞士通票免费
- www.matterhornmuseum.ch

马特峰博物馆的入口，以玻璃帷幕组成了马特峰独特的造型。顺着阶梯走入地下展览室，就像走进高山牧民生活的木屋，让人想探索登山装备的演进过程，揭开采尔马特和马特峰的老故事。

博物馆以实景模型方式展示，分为自然地质、牧民生活、观光及登山活动等主题。在没有高山铁路和缆车的年代，当地居民在艰苦的环境中思考出许多生活智慧，例如防老鼠的谷仓、小空间使用抽屉式床铺。带动采尔马特旅馆发展的格兰酒店内部柜台、大厅也呈现在参观者眼前，墙上还有游历此地的名人签名和照片。通过模型可以看到早年登山者攀爬马特峰的各种路径。不要错过展示柜中一条断掉的绳索，1865 年第一支成功登顶的登山队——爱德华·温帕（Edward Whymper）率领的 7 人团队，在下山途中 4 名队员因登山绳断裂而不幸遇难，这半截绳索，就是幸存者所带回的纪念物。

新特朵夫老屋区 (Hiterdorf)

由车站街向东转入 Hiterdorfstrasse，即达新特朵夫区

一排排古旧的木造房舍，建于 17—18 世纪间，使用黑色的落叶松为建材，德文的旧名为“gādi”，是瓦莱州特殊的高床式建筑，这里过去是用来储存物品与饲养牲畜的房舍。

从外观就可以清楚地辨认这些可爱屋舍旧日的用途：屋子下方以木桩或石块垫高，架上扁圆盘状的石块，再将屋子建在石块上，作为用来堆放谷物的仓库，这些盘状石块据说有防止老鼠入侵的功效。另外，一楼是以石块堆成的房舍，由于屋子小且积雪深，因而具有冷藏的功能，可以用来堆放容易腐坏的食物。最后，丌有小窗户的屋舍则是饲养牲畜之地，马匹与羊是当地居民旧时最常饲养的动物。

天主教堂 (Katholische Kirche)

由车站街直走可抵达
免费

位于车站街尾端的这座天主教堂，建于 1913 年，至今仍是采尔马特镇上重要的活动中心，许多音乐会会选择在教堂前的广场举行。这里也是每年 8 月第二个周末举办民俗庆典（Folklore Festival）时，来自瑞士各地、穿着民俗服装的游行队伍必经的地方。紧邻教堂的后方，有一座小巧的纪念墓园，一块块的石碑和各种造型的雕塑是用来追悼历年来挑战马特峰却不幸遇难的殉难者。此外，也有许多知名的登山健将长眠于此。

马特峰
(Matterhorn)

Zermatt 3920, Switzerland

全天

来瑞士之前，你也许没听说过马特峰。高 4 478 米的马特峰虽然不是瑞士的第一高峰，但是具有高辨识度的三角锥形状却令人印象深刻，而销售全球的三角巧克力（Toblerone）的造型也是来自马特峰。

马特峰从 19 世纪初开始就是登山者们憧憬的胜地，一群群的登山者前仆后继地前往，然而马特峰的险峻山崖，却让不少人在这深壑绝壁之间葬送了生命。直到 1865 年的 7 月 14 日，英国的登山家爱德华·温帕率领 7 人团队，才终于由东北棱登顶成功，虽然下山时其中 4 人不幸坠落山谷，但马特峰自此也获得了享誉世界的名声。

采尔马特地区的气候大多晴朗干燥，空气清新干净，村内就能看到挺拔的马特峰。最佳观景点是跨河的桥上，沿着天主教堂旁的基尔希施特拉斯向河的方向前进即可抵达，建议至上层铁桥取景。马特菲斯普河两岸是仿传统的木造旅馆，视线顺着河川向上延伸，湛蓝的晴空下，马特峰昂然独立。尤其是日出时刻，村庄隐约可见，阳光在山头刷上一层粉雾，再加一层灿烂金色，如同一场光线魔法秀。

桑纳格 (Sunnegga)

- 桑纳格地底缆车站在采尔马特市区东方，出采尔马特火车站后沿 Getwingstrasse 东行，过河之后左转即可看到
- (0)27 966 2929
- 5 月下旬至 10 月中旬、11 月下旬至次年 4 月下旬，除恶劣天气停驶外皆开放，每日行驶时间为 8:30-17:20，每 10~20 分钟 1 班。行驶时间依季节不同会略有变化，可先上网查询
- Zermatt 至 Sunnegga Paradise 成人单程 16 瑞士法郎，往返 24 瑞士法郎。儿童或瑞士通票皆享半价
- www.zermatt.ch

只要 3 分钟的时间，地底索道式缆车就能带你登上高 2288 米的桑纳格。桑纳格正如其名，总是阳光普照，展望台左下方可以见到清澈见底的高山湖泊——莱伊湖（Leisee），步行约 10 分钟即可到达湖边。如果够幸运，遇上晴朗无风的早晨，马特峰的倒影静静落在湛蓝色湖面上，静谧的美景令人永远难忘。

从桑纳格搭乘空中缆车，5 分钟后可抵达包赫德，桑纳格至包赫德间有许多条有趣的健行路线，路程在 1 ~ 3 小时。包赫德缆车站是土拨鼠小径（Murmelweg）的起点，大约用 1.5 小时可以走回桑纳格，健行时除了欣赏马特峰的雄伟，也别忘了低头找找可爱的小土拨鼠。一路上还有许多木雕和解说牌，能深入认识土拨鼠的生活习性，步道的终点是桑纳格缆车站附近的土拨鼠观察站（marmot observation point）。此外，可连续造访 5 个高山湖泊路线（5-Seenweg）、阿尔卑斯赏花路线（Blumenweg）及全景观路线（Panoramaweg）等，虽然一路上都有路标，但岔路多且有时路况不佳，建议上山前先至游客服务中心询问。

罗特洪峰
(Rotehorn)

- 往罗特洪峰需先搭地底缆车至桑纳格，再转乘 8 人座空中缆车至 Blauherd 站，接着换大型缆车至罗特洪峰
- (0)27 966 2929
- 7—9 月、11 月下旬至次年 4 月下旬，每日行驶时间为 8:40-16:30。行驶时间依季节不同会略有变化，可先上网查询
- 从 Zermatt 至 Rothorn Paeadise：成人单程 43 瑞士法郎，往返 66 瑞士法郎。从 Sunnegga Paradise 至 Rothorn Paeadise：成人单程 28 瑞士法郎，往返 44 瑞士法郎。儿童及持有瑞士通票者皆半价
- www.zermatt.ch

虽然从罗特洪峰观景台看到的马特峰比较远也比较小，但最宽阔的展望台视野网罗了采尔马特地区 38 座 4000 米以上的高山，而即使山峰连绵不绝，仍可一眼就认出马特峰，它的独特在此更能突显。餐厅旁是非常有趣的主题步道——搜集山峰 (Peak Collection)，每个指示牌对应眼前的高山，有的是第一个挑战攻顶成功的人的介绍、有的是诗文小品，也有登山向导的见解，不妨绕着山头走一圈，看看你能搜集到几座高山的故事。没有瑞士通票的游客，7—9 月间可选择 14:30—15:30 上山，往返于采尔马特与罗特洪峰的黄昏票，成人票价为 53 瑞士法郎，可省下不少旅费。

马特峰冰川天堂

(Matterhorn glacier paradise)

MUST-VISIT 必游之地 PLACES

由采尔马特镇沿着河边向马特峰方向前进，步行约 20 分钟可到达登山缆车站，搭乘缆车在 Furi、Trockener Steg 两处换车，约 45 分钟可达

(0)27 966 0101

除恶劣天气停驶外全年开放，每日行驶时间从 8:30 开始，7—8 月提早至 6:30 开始运营，下山最后 1 班缆车在 15:45—16:15

从采尔马特至马特峰冰川天堂，成人单程 64 瑞士法郎，往返 100 瑞士法郎，持瑞士通票或儿童享半价优惠。各站间往来详细票价可在网站查询

www.zermatt.ch

谁说夏季滑雪一定要飞到南半球？高 3883 米、终年积雪的马特峰冰川天堂即使在盛夏也有长达 20 千米的滑雪道，让游客一整年都能在银色的浪漫世界中欣赏马特峰，也让此处成为欧洲最著名的夏季滑雪胜地。有趣的是，这里位于意瑞交界处，如果随身携带护照，甚至可以一路滑到意大利。

马特峰冰川天堂坐落于小马特峰（Klein Matterhorn）的山头，不但是距离马特峰最近的观景台，也拥有全欧洲最高的高空缆车站及观景台。采尔马特地区大多时候天气晴朗，特别是水气尚未上升的上午，空气特别干净清新，可远眺28座超过4000米高的阿尔卑斯山群峰，能见度高时，还能看到欧洲第一高峰——勃朗峰和地中海。山顶缆车站有一座环保绿色建筑，内部除了餐厅、纪念品店、地底冰宫外，还附设可住宿的登山小屋。体力好的游客，在专业登山向导的带领下，用2.5小时就能体验跨越冰川、征服布莱特峰（Breithorn）的成就感。

从采尔马特到马特峰冰川天堂，必须在Furi、Trockener Steg两处换车，沿途更换3种缆车的新鲜感，也是另一种乐趣。没有瑞士通票的游客，若想省钱，4月中旬至10月中旬可选择13:30以后上山，往返采尔马特的黄昏票含冰宫门票，成人为79瑞士法郎。

高纳葛拉特登山铁道 (Gornergrat Bahn)

MUST-VISIT 必游之地 PLACES

- 🚌 高纳葛拉特铁道的 Bahnhofplatz 火车站即在采尔马特火车总站斜对面
- ☎ (0)27 927 7000
- 🕒 除恶劣天气停驶之外全年行驶，每日最早运行时间为 7:00，班次间隔约 20 分钟。最晚下山班次依季节不定，需事先上网确认，或当日于火车站确认
- ¥ 采尔马特到高纳葛拉特成人单程 40 瑞士法郎，往返 80 瑞士法郎。6~16 岁儿童或持瑞士通票享半价。各站间往来详细票价可在网站查询
- 🖱 www.gornergrat.ch

过去的马特峰总是只可远观，然而，随着 1898 年高纳葛拉特登山铁道开通后，马特峰也变得平易近人了许多。而这也是瑞士境内第一条电气化的齿轮铁道，同时也是全欧洲海拔最高的露天齿轮火车。

虽然登顶仍然是对体力与登山技巧的考验，但若仅

是想一睹马特峰壮丽的景象，只要乘坐火车，33 分钟后就能轻轻松松实现愿望。乘车时，不妨选择面向马特峰的右手边座位，火车慢慢爬坡至有瀑布的芬德巴赫的路段，回首可看到采尔马特村庄全景，接着前往陆地隧道便开始穿越森林和隧道，过了里弗尔阿尔卑后景色忽然开阔，再往上经过里弗尔山、罗特洪峰到达终点高纳葛拉特车站，沿途可以由不同的角度欣赏马特峰的壮丽。车站前也有商家提供的可爱的圣伯纳犬让游客拍照，即使不买照片，老板也会热情地招呼游客跟他的狗互动。建议游客在有阳光照射的上午时段上山，可搭乘直达车（Express），29 分钟即抵达终点，再视个人体力选择健行路线下山。

日内瓦

位于瑞士西南部的日内瓦，在地理位置上和德语区的苏黎世各踞一方，它不仅是瑞士的第二大城市，也是瑞士法语区的重镇。虽然日内瓦的人口仅有18万，却是联合国欧洲总部及红十字会总会的所在地，市内还有许多国际性的机构。小小一座城市，却有很高的国际地位。

除了作为国际级的大都市外，日内瓦还是一座充满公园、绿地的花园城市，市区被罗讷河一分为二。右岸为新城区，日内瓦的主要车站就坐落于此，同时这一带也有不少五星级大饭店；而罗讷河左岸是旧城区的观光重点，以市政厅为中心的老城区，拥有许多古迹和广场，而靠近河边的罗讷河大街与市场大街，则都是高级钟表店与名牌专卖店汇集的地方。

此外，日内瓦还拥有依山傍水的好风景，紧临市区的日内瓦湖是民众平日休憩的最佳去处。而从日内瓦市区也可以望见阿尔卑斯山及侏罗山脉的巍峨群峰，如此得天独厚的自然条件，难怪能成为瑞士最受欢迎的观光城市。自古以来，便有许多名人到此一游，包括拜伦、巴尔扎克、陀思妥耶夫斯基、茜茜公主和近代的奥黛丽·赫本、阿兰·德龙等。

日内瓦交通

如何到达——飞机

日内瓦国际机场（GVA）建于瑞士与法国的边境上，航线连接世界各地104座主要城市。从北京飞往日内瓦有直达航班。

在瑞士境内50多座主要城市的中央车站，可以办理日内瓦国际机场的登机手续，甚至还可以提前1天办理行李托运，为乘坐火车抵达日内瓦国际机场离境的游客节省了不少时间与体力，详情请见瑞士国铁网站。

日内瓦国际机场

 **www.gva.ch**

瑞士国铁

 **www.sbb.ch/check-in**

如何到达——机场至市区交通

火车

日内瓦国际机场的地下即是火车站（Genève-Aéroport），可搭乘IC、IR等火车抵达柯纳文车站（Gare de Cornavin），车程只需6分钟，且班次非常密集。

巴士

地面层出境大厅外有公交车站，可搭乘至市中心，高峰时每8～15分钟就有1班。无论是要搭乘火车还是巴士，都可以在入境提领行李处领取前往日内瓦市中心的免费交通票，有效期为80分钟。

出租车

从日内瓦国际机场搭乘出租车至市中心，约10分钟，跳表计费，费用为30～35瑞士法郎。

如何到达——火车

日内瓦是瑞士的交通枢纽，拥有四通八达的火车线路，主要火车站为柯纳文火车站。由苏黎世搭乘直达日内瓦的IC，约2小时40分钟；自卢塞恩搭乘直达日

内瓦的IR，约2小时50分钟；从伯尔尼搭乘直达日内瓦的IC或IR，为1小时40分钟。

柯纳文火车站

Gare de Cornavin

☎ (0)51 225 1564

www.sbb.ch

如何到达——游湖船

从洛桑出发前往日内瓦，如果时间和预算充裕，并想要欣赏美丽的湖景，可以选择搭乘CGN公司的游船。4月至6月中旬，每周末13:40从洛桑的乌希（Ouchy）出发，大约16:55抵达日内瓦；6月中旬至9月中旬10:45和15:35出发，抵达时间为14:40和19:20。

¥ 成人单程头等舱为47.2瑞士法郎，二等舱为33.6瑞士法郎；持半价卡或6~16岁儿童头等舱为23.6瑞士法郎，二等舱为16.8瑞士法郎。船上备有餐点，每日特餐为20瑞士法郎，套餐为39瑞士法郎

CGN

☎ (0)84 881 1848

www.cgn.ch

市区交通

大众运输系统

日内瓦市区内大部分景点可以步行抵达，若要到郊区的联合国欧洲总部或是卡鲁日镇，则可搭乘由TPG（Transports Publics Genevios）经营的市区巴士或有轨电车。而在日内瓦湖港湾的两岸，也有黄色的水上交通渡船（SMGN）往返。一般车费为每人3.5瑞士法郎（1小时内无限制搭乘）。另有24小时无限制乘车车票10.6瑞士法郎，及7日无限制乘车车票38瑞士法郎。若持有瑞士通票或日内瓦交通卡（Geneva Transport Card），则无需另外购票。

游船

日内瓦有许多码头提供游船服务，游客可依据自己的喜好、时间与预算来选择行程。其中较热门的行程有航程约1小时的日内瓦湖畔巡游（Beautiful shores of Geneva）、搭乘蒸汽船享受美食的午餐巡游（Lunch cruise）及航程3.5小时的黄昏巡游（Sunset dinner cruise），出发码头为勃朗湖河畔与英国花园。时刻表与详细票价每季变更，请上官网查询。

www.cgn.ch

罗讷河游河船

罗讷河游河船的出发码头在米尔斯岛码头，出发后经过罗讷河与奥尔沃河交汇处，沿途可欣赏日内瓦周围乡村景观。4月与10月的周三、周六、周日14:15，5月及9月中下旬的周三 14:15、周六及周日 10:00、14:15，6 月至 9 月上旬的周三、周六、周日 10:00、14:15，航程 2 小时 45 分钟，开船前 2 小时可于博里瓦日酒店对面的 SWISSBOAT 购票。

¥ 往返成人 24 瑞士法郎，6~16 岁儿童 17 瑞士法郎

www.swissboat.com

观光巴士

在日内瓦也有看起来像是小火车的观光巴士，车上附有英语在内的语音导览，并且有三条路线可供游客选择。

老城区景观

这条路线经过市政厅、圣皮埃尔大教堂、塔沃馆、柏德弗广场、宗教改革纪念碑等景点，全程约 45 分钟，出发地点在贝尔格桥南端的罗讷河广场，3 月至 12 月每日 10:45-18:45 运行，每 45 分钟 1 班车。

¥ 成人 9.9 瑞士法郎，4~12 岁儿童 6.9 瑞士法郎

日内瓦湖右岸公园

这条路线沿着日内瓦湖右岸行走，一路会经过许多公园与著名宅邸，并可欣赏湖边的雕塑与勃朗峰的风景，全程约 35 分钟，出发地点在 Rotonde du Mont-Blanc，3 月至 10 月每日 11:00-18:30 运行，每 45 分钟 1 班车，11 月、12 月仅周末 1 班车。

¥ 成人 8.9 瑞士法郎，4~12 岁儿童 5.9 瑞士法郎

国际组织与湖景

这条路线从罗讷河广场或勃朗湖河畔出发，3 月至 12 月 24 日每 90 分钟 1 班车，其中 3 月、11 月仅周末发车。沿途经过万国宫、国际红十字会等国际机构，并开往日内瓦湖左岸，可以一路欣赏英国花园、喷水柱与玫瑰公园，全程 75 分钟。

¥ 成人 25 瑞士法郎，4~12 岁儿童 12.5 瑞士法郎

☎ (0)22 781 0404

www.trains-tours.ch

出租车

在日内瓦可在街上挥手招车，但比较便捷的方式还是电话叫车，或是至出租车招呼站搭车。出租车起表价为 6.3 瑞士法郎，每千米增加 3.2 瑞士法郎，夜间、周日、假日为每千米 3.8 瑞士法郎。若有大型行李，每件加收 1.5 瑞士法郎。小费已含在车费之内。

Centrale SA Genève

☎ (0)22 331 4133

www.taxi-phone.ch

租车

Avis

☎ (0)22 731 9000

www.avis.ch

Budget

☎ (0)22 717 8675

🖱 www.budget.ch

Europcar

☎ (0)22 909 6990

🖱 www.europcar.ch

Hertz

☎ (0)22 716 3080

🖱 www.hertz.ch

National Car Rental

☎ (0)22 717 8430

🖱 www.nationalcar.com

日内瓦交通卡

自2007年起，游客来到日内瓦无论在任何一家酒店住宿，甚至是青年旅馆和露营地，都可向柜台人员索取免费的日内瓦交通卡，凭卡便可搭乘日内瓦包括渡轮、轻轨、巴士在内的所有大众运输工具，且有效期至退房当日。

🖱 www.unireso.ch

日内瓦通行证

使用这张通行证可免费进入日内瓦市区的19个博物馆、美术馆，搭乘观光巴士或观光邮轮，至合作的餐厅用餐也享有7~9折。如果不使用瑞士通票，又想安排博物馆之旅，通行证是不错的选择。通行证可于游客服务中心或旅馆购买。

¥ 1日卡25瑞士法郎，2日卡35瑞士法郎，3日卡45瑞士法郎

🖱 www.geneva-pass.com

旅游咨询

市区游客服务中心

🏠 Rue du Mont-Blanc 18, 1201 Geneva

☎ (0)22 909 7000

🕒 周一10:00-18:00，周二至周六9:00-18:00，周日及假日10:00-16:00

🖱 www.geneva-tourism.ch

机场游客服务中心

🏠 Geneva International Airport 入境出口

🕒 8:00-22:00

导览行程

日内瓦旅游局推出多种徒步主题行程，在专业导览人员的带领下，可以深入了解日内瓦的历史故事。

☎ (0)22 909 7030

🖱 www.geneva-tourism.ch

精华景点

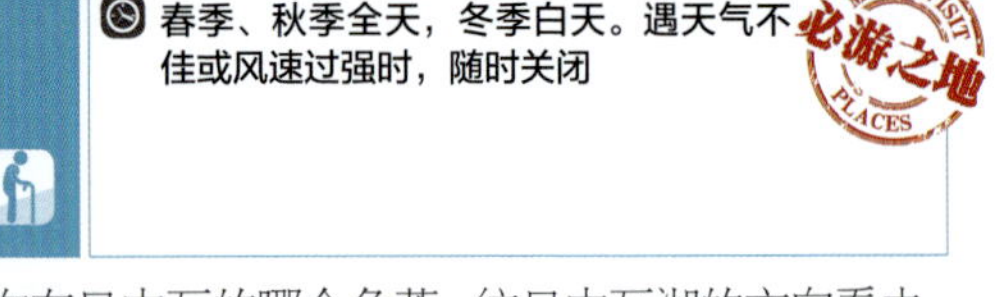

喷水柱

(Jet d' eau)

春季、秋季全天，冬季白天。遇天气不佳或风速过强时，随时关闭

无论你在日内瓦的哪个角落，往日内瓦湖的方向看去，都能看见一道指向天际的大水柱，随着风向的变化，它有时像是一条从天边垂落的缎带，有时又宛若一艘帆船，这就是日内瓦最著名的景观——喷水柱。喷水柱每秒可喷出500升的水量，高度可达140米，相当于45层楼的高度，为世界上最大的人工喷泉。

其实喷水柱原本只是附近水力发电厂的安全阀，工人下班时将水龙头关闭后，为了释放多余的水压，便有这么一道水柱从阀里喷出。后来，工人刻意将水加压，竟也成了当地一处景观。1891年，为了庆祝瑞士建国600周年，日内瓦政府将这座阀门移至湖畔码头边，这在当时曾引发不小的争议，因为湖岸居民认为这么大的水柱会破坏日内瓦湖的美好景致。想不到100多年过去了，从世界各地远道而来的人们，聚集在湖边都只是为了一睹喷水柱的壮丽，这恐怕也是当初反对的居民们始料未及的。

游客来到日内瓦，可试着从不同角度来欣赏喷水柱，因为搭配不同的风景，喷水柱也会展现不同的妙趣。一般最热门的观景地点是在水柱旁的英国花园与对岸的珍珠公园（La Perle du Lac）；而最接近喷水柱的地方，当然就是沿着堤岸来到它的脚下，在那里不但可以感受水柱的清凉震撼，若是天气晴朗，还有机会看见圆形彩虹呢。

市政厅与旧军械厅 (hôtel de Ville & L' Ancien Arsenal)

Rue de l' Hôtel-de-Ville

往老城圣皮埃尔大教堂方向，在大教堂往南一个巷口即达

免费

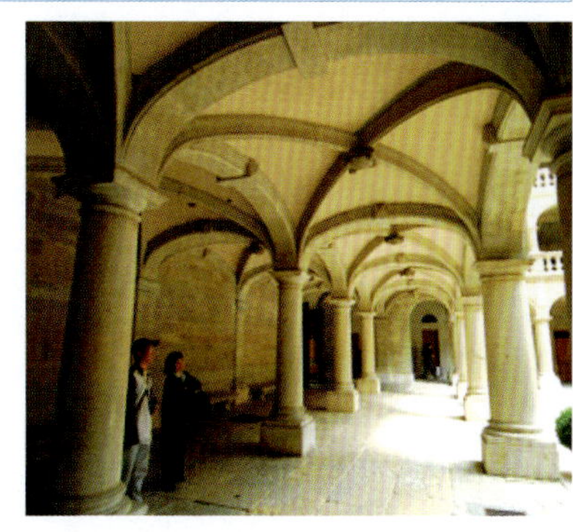

市政厅是日内瓦市政府的办公所在地，属于院落式的中古建筑，市政厅前以斜坡代替阶梯的设计，是为方便信差骑马进入传递消息。市政厅内最为知名的是阿拉巴马厅（Alabama Room），这名字起于 1872 年在此仲裁的“阿拉巴马号索赔案”，这次事件开辟了国际和平仲裁的先河，在国际法的历史上意义重大。如今广场中的阿拉巴马之柱（Alabama plaque），即是 1876 年美国独立百年纪念时，美国官员赠送给日内瓦政府的纪念物。此外，1864 年由 17 国共同签订的关于人道救援的《日内瓦公约》（*Geneva Conventions*），也是在这里签订的。

市政厅对面的旧军械厅是一栋 17 世纪的建筑，虽然现已移作档案馆使用，但在一楼的开放空间里，仍留有 5 门加农炮，这个炮阵从前担负着守卫城市的重任，现在则是供人缅怀历史的遗迹。旧军械厅的墙壁上有 3 幅拼贴的马赛克壁画，讲述了日内瓦重要的历史，左边那幅画的是恺撒征服日内瓦，中间是描述中世纪商业繁荣的景象，右边画的是宗教改革期间，日内瓦大开城门让难民进入的情景。

圣皮埃尔大教堂

(Cathédrale St.-Pierre)

必游之地 MUST-VISIT PLACES

Cours Saint-Pierre 6, 1204 Genève

往老城方向，朝着教堂尖顶走，任何一条上坡的小巷皆可到达

(0)22 310 2929

10:00–17:00（最后入场时间 16:30）

教堂：免费
上高塔：4 瑞士法郎
地下考古遗址：成人 8 瑞士法郎，7~16 岁儿童及优惠票 4 瑞士法郎
考古遗址、高塔与宗教改革博物馆的联票：成人 18 瑞士法郎，优惠票 12 瑞士法郎，7~16 岁儿童 10 瑞士法郎

www.site-archeologique.ch

地下考古遗址提供免费语音英文导览

圣皮埃尔大教堂可以说是旧城区中最醒目的标志，要前往老城中心的人，不管从哪个方向，只要朝着大教堂高耸的双塔和尖顶走去，就能到达这里。圣皮埃尔大教堂建于 1160—1232 年，建筑本身融合了多种不同式样，拱门为哥特式风格，教堂正门廊柱是希腊罗马式风格，至于大厅内则依稀可见罗马万神殿的影子。现在，教堂下方又挖掘出许多公元 4 世纪的考古遗迹，更为教堂增添不少话题。

在 16 世纪宗教改革期间，崇信“因信得救”的新教徒们以简朴为美德，因而将所有华丽的装饰从教堂中移除，不过，只要仔细观察，还是可以探寻到当年壮丽的模样。1536—1564 年间，当时集宗教改革思想大成的约翰·卡尔文（Jean Calvin）就是在圣皮埃尔大教堂论经讲道，由于他在新教传播上的努力，也让日内瓦自此有了“新教的罗马”之称。卡尔文当时使用的椅子（Le Siège de Calvin）如今依然完好地保存在教堂内。

此外，来大教堂一定要登教堂的双塔，虽然爬上 157 级阶梯需要一些体力，但可以远眺老城区、喷水柱和日内瓦湖的美景，绝对值得。

宗教改革博物馆 (Musée International de la Réforme)

- 4, rue du Cloître, 1204 Genève
- 在圣皮埃尔大教堂旁
- (0)22 310 2431
- 周二至周日 10:00-17:00（周一休息）
- 成人 13 瑞士法郎，优惠票 8 瑞士法郎，7~16 岁儿童 6 瑞士法郎，7 岁以下儿童免费
  考古遗址、高塔与宗教改革博物馆的联票：成人 18 瑞士法郎，优惠票 12 瑞士法郎，7~16 岁儿童 10 瑞士法郎
- www.musee-reforme.ch
- 博物馆内禁止拍照，提供免费英文语音导览

开放于 2005 年 4 月的宗教改革博物馆，位于圣皮埃尔大教堂旁，其馆址正好就是 1536 年 5 月 21 日日内瓦宣布进行宗教改革的地点，因此别具意义。博物馆向游客展示了许多宗教改革时期的画作、翻译成白话文的《圣经》、新旧教之间论战的漫画、卡尔文的生平事迹和遗物等，并介绍了新教的音乐形式及“南特敕令”（Edict de Nantes）解除后造成的移民潮。博物馆还结合了现代科技，让游客们能参与一场 16 世纪的神学盛宴，了解当时诸神学家们对于“救赎预定论”（Predestination）的看法。在博物馆的下方，还有一条通往大教堂考古遗址的地下通道，有兴趣的游客可以购买联票进入参观。

特椰林荫大道 (Promenade de la Treille)

- Promenade de la Treille
- 从圣皮埃尔大教堂向南往日内瓦大学方向即达
- 全天
- 免费

特椰林荫大道位于日内瓦中世纪的城墙上，城墙 5 米的高度，让这里有了居高临下的视野，枝叶扶疏的栗树下也成为日内瓦市民乘凉、散步的最佳去处之一。林荫大道一旁有张长达 126 米的板凳，起点上的雕像，是 1815 年代表瑞士参加维也纳会议的皮克泰·德·罗许蒙（Pictet de Rochemont），当年他不但游走于列强之间，更是促使日内瓦加入瑞士联邦最重要的推手，对瑞士及日内瓦的国际地位与政治历史的贡献功不可没。

塔沃馆

(Maison Tavel)

- Rue du Puits-Saint-Pierre 6, 1204 Genève
- 老城圣皮埃尔大教堂隔壁
- (0)22 418 3700
- 周二至周日 10:00-18:00（周一休息）
- 免费
- www.ville-ge.ch/mah
- 博物馆内禁止拍照

塔沃馆原本是一栋贵族的私人宅邸，于1334年的日内瓦大火之后重建，数百年来几经转手，于1963年被日内瓦市政府收购。今日的塔沃馆成为日内瓦的市立博物馆，陈列着日内瓦数个世纪以来的市民记忆。展示品中有各个时代的刀枪武器、家具摆饰、炉灶餐具，甚至还有一座使用过的断头台。所有相同类型的陈设会依据年代先后排列，因此游客可以比较中世纪以来大门与门锁的变化历程、各时代对壁纸风格的喜好差异；而在一幅绘于16世纪的画作里，游客会很惊讶地发现，日内瓦老城的街景竟和数百年前没有什么不同。如果想知道从前日内瓦城区的模样，可以到三楼参观，那里有一座建于1850年以前的大型城市立体模型。

卢梭纪念馆

(Espace Rousseau)

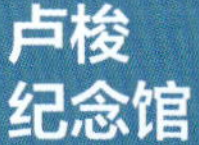

- Grand-Rue 40, 1204 Genève
- 圣皮埃尔大教堂西侧沿 Grand-Rue 西行即达
- (0)22 310 1028
- 周二至周日 11:00-17:30（17:00 后停止入场）（周一休息）
- 成人 5 瑞士法郎，优惠票 3 瑞士法郎
- www.espace-rousseau.ch
- 有中文语音导览

集哲学家、思想家、文学家、教育家等身份于一身的让-雅克·卢梭（Jean-Jacques Rousseau），就是在1712年6月28日于今日的卢梭纪念馆出生的，而卢梭纪念馆的成立，便是为了纪念这位日内瓦最知名的公民。卢梭在世时虽然穷困潦倒，且行事作风备受争议，他所著作的《社会契约论》（*Du Contrat Social*）却点燃了18世纪启蒙运动的熊熊烈火，为欧洲的民主思潮带来光明，更引发了美国独立运动与法国大革命。而他的另一部著

作《爱弥儿》（*Émile, ou De l'éducation*）则是世界第一部教育小说，为西方现代教育哲学奠定了基础。

通过 25 分钟的语音导览，游客可以了解到卢梭的生平及毕生作品，而馆方也会定期举办与卢梭相关的纪念活动，让后人有机会了解这位天才型的自学家。

宗教改革纪念碑 (Mur de la Réformation)

Mur de la Réformation
从圣皮埃尔大教堂往日内瓦大学方向前行，走下阶梯即可看到
全天
免费

16 世纪时，由于罗马教会的腐败，日耳曼的马丁·路德率先向天主教威权发难，接着，苏黎世的慈运理也将宗教改革引进了瑞士，而在瑞士集思想之大成者，便是日内瓦的卡尔文，他不但将日内瓦变成了“新教的罗马”，其学说理论也对西方的宗教，乃至于社会形态有着不可磨灭的影响。

1909 年，适逢卡尔文 400 岁冥诞，人们便在日内瓦大学里的一面墙上雕刻了卡尔文及他的弟子们的浮雕像，由左而右分别是法莱尔（Guillaume Farel）、卡尔文、伯撒（Théodore de Béze）、诺克斯（John Knox），用以纪念卡尔文对宗教改革所做的贡献，雕像上还刻有“Post Tenebras Lux”的字样，意思是“经过了黑暗，光明终于来到”。

百达翡丽博物馆 (Patek Philippe Museum)

必游之地 MUST-VISIT PLACES

Rue des Vieux-Grenadiers 7,1205 Genève

搭 Tram 12、13、15 至 Rond-point de Plainpalais 站，穿越公园后即达

(0)22 807 0910

周二至周五 14:00-18:00，周六 10:00-18:00（周日、周一及假日休息）

成人 10 瑞士法郎，优惠票 7 瑞士法郎，18 岁以下儿童免费

www.patekmuseum.com

博物馆内禁止拍照

百达翡丽博物馆在瑞士同类型的博物馆中拥有崇高的地位，这点是无可置疑的，除了 4 层楼的展示空间和多达数千件的惊人馆藏外，最重要的一点，它是百达翡丽，钟表界的王者！

博物馆的一楼展示了许多从前打造零件与进行组装的工作台，搭配古老的照片，让游客能了解以前制表的工作情形。二楼则是让收藏家们热血沸腾的百达翡丽名表珍藏，从 1839 年安东尼·百达（Antoni Patek）创业时制造的钟表，一直到问世不久的新款，这里都有展示。由于部分收藏是当年各国贵族订制的，经过 100 多年的物换星移后，又由百达翡丽从拍卖会上购回，因此有不少表款的设计具有浓厚的地域色彩，精致而又珍贵。同时，在这一层楼里，你也可以找到 1989 年百达翡丽为庆祝品牌成立 150 周年而推出的“Caliber 89”，这支表可以同时显示 33 种时间信息，是目前世界上最复杂的钟表。博物馆的三楼则是主人私藏的古老钟表，例如打造于 1530 年的全世界最古老的机械表。而最精彩的，莫过于 18 世纪由中国皇室订做的各色机械钟，这些机械钟有的做成鸟笼的模样，有的则是一把精细的火枪，整点一到，鸟鸣钟响，各有巧妙，令人拍案叫绝。博物馆的四楼是数据丰富的图书馆，有时也作为展示厅使用。

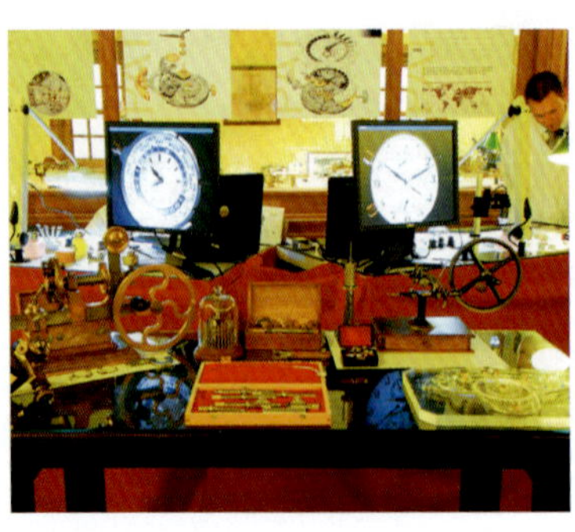

时间之城 (Cité du Temps)

Pont de la Machine 1, 1204 Genève
在 Pont de la Machine 大桥正中央
(0)22 818 3900
9:00–18:00
Swatch 展示厅免费
www.citedutemps.com

时间之城是一处结合餐厅、咖啡馆、艺廊及展示厅的复合式空间，由于隶属于 Swatch 集团旗下，因此三楼便是一处 Swatch 展示馆，Swatch 出产的每一款表在这里依照年代一字排开，除了具有高度的艺术趣味外，也反映出每一个年代的流行时势。

1983 年，瑞士钟表业在日本表厂大肆扩张下饱受威胁，于是 Swatch 便在这股危急气氛中诞生了，成为瑞士低端钟表市场复兴的开路先锋。Swatch 透过自动生产线的组装流程大大节省了成本，推出时打着瑞士制造的招牌，加上超低廉的价格，立刻在国际市场上造成轰动。

不久，Swatch 开始与一些知名艺术家合作，美国 20 世纪 80 年代家喻户晓的街头彩绘大师基思 • 哈林（Keith Haring）就曾为 Swatch 设计过表款。时至今日，Swatch 各式各样的手表不知掳获了全球多少年轻人的心，戴上一只 Swatch 手表早已成为酷炫有个性的象征。

柏德弗广场
(Place du Bourg-de-Four)

Place du Bourg-de-Four
从圣皮埃尔大教堂任何一条往东下坡的小路都能到达
全天
免费

星级推荐

柏德弗广场就建在古罗马交易广场的遗迹上，从中世纪以来，柏德弗广场就是相当热闹的市集。环绕在广场四周的建筑物间有明显的颜色差异。宗教改革时，为了安置大批从旧教国家逃来的难民，市中心的楼房只好加盖，才形成今日这种特殊的景象。18 世纪时，广场上建起一座小巧可爱的喷泉，在当年还有“最美丽喷泉”的美誉。

现在的柏德弗广场则成了美食餐厅、露天咖啡馆林立的约会角落，人们坐在餐厅外的露台上谈天说地，或是观看街头艺人的精彩表演，四处都弥漫着一种悠闲的气息。

联合国欧洲总部 (Palais des Nations)

- Avenue de la Paix 14, 1211 Genève
- 于火车站前搭巴士 8、28 约 10 分钟于 Appia 下车，或搭乘 Tram15 至 Nations 站下车抵达
- (0)22 917 4896
- 4—6 月 10:00-12:00、14:00-16:00，7 月、8 月 10:00-16:00，9 月至次年 3 月周一至周五 10:00-12:00、14:00-16:00。导览场次为 10:30、12:00、14:30、16:00
- 参加导览成人 12 瑞士法郎，优惠票 10 瑞士法郎
- www.unog.ch
- 仅开放导览参观，须携带身份证明，禁止携带大型行李或背包

第一次世界大战结束后，包括国际劳工组织、国际红十字会、世界卫生组织等重要国际组织，都将总部设在日内瓦。其中联合国欧洲总部于 1946 年在日内瓦正式成立，总部中所有建筑物和绿地加起来，可与凡尔赛宫媲美，里面不仅有联合国开会会场，还有图书馆、美术馆及公园等设施，不过必须由导游带领，才能进入参观。

在这里，除了可以看见联合国代表们开会时的场地，还可以欣赏充满现代艺术感的建筑。至于总部大门前那张高大醒目的跛脚椅，则是国际助残组织于 1997 年时建造的，旨在号召各国签署《渥太华禁雷公约》。如果有心，还可在此购买一份“和平通行证”（Pass for Peace），表达自己祈求世界和平的心愿。

国际红十字会博物馆

(Musée international de la Croix-Rouge et du Croissant-Rouge)

必游之地 MUST-VISIT PLACES

Avenue de la Paix 17, 1202 Genève

搭巴士 8、28 至 Appia 站，沿 Avenue de la Paix 北行即达

(0)22 748 9525

4 月—10 月 10:00–18:00，11 月至次年 3 月 10:00–17:00，每周一、12 月 24 日、25 日、31 日与 1 月 1 日闭馆，有特殊要求时可申请开馆，于周二到周五联系

个人全价 15 瑞士法郎；优惠票 7 瑞士法郎（此价格包括汉语自动导览器的租用），每月的第一个周六自愿付款。家庭：1 名或 2 名成人带着最多 4 个孩子，可以获得 25%的折扣。团体：10 人以上的团体参观必须预约。全价 10 瑞士法郎；优惠票 7 瑞士法郎。导览（最多 20 人）100 瑞士法郎，导览折扣（最多 20 人）50 瑞士法郎

www.micr.org

由享利·杜南（Jean Henri Dunant）于 1863 年创建的世界第一个人道组织——国际红十字会，设立于联合国欧洲总部的正前方。总部内的博物馆除了展示有红十字会的发展历史、成立的目标及历年来于世界各地灾难救援的纪录外，更重要的是带领参观者了解战争与人道救援等严肃的国际和平议题。博物馆前一群被蒙着眼睛且双手反绑的战俘雕像群，提醒游客们国际上仍然充斥着各种侵犯人权的现象，也为博物馆的这一堂和平课拉开序幕。

博物馆进行过全馆整修后，于 2013 年重新营业，将展览分成三大主题，以互动体验的方式，让参观者深入了解各主题。

亚莉安娜博物馆 (Musée Ariana)

- Avenue de la Paix 10, 1202 Genève
- 在火车站前搭巴士 8、28 至 Appia 站即达
- (0)22 418 5450
- 周二至周日 10:00–18:00（周一休息）
- 常设展：免费
  特展：成人 5 瑞士法郎，优惠票 3 瑞士法郎，18 岁以下儿童免费（每月第一个周日免费）
- www.ville-ge.ch/ariana
- 博物馆内禁止拍照

亚莉安娜博物馆有超过 20000 件的馆藏，涵盖 7 个世纪内遍及欧洲与远东的作品，令人很难相信这些居然都是个人的私藏品。古斯塔夫·莱维罗（Gustave Revilliod）是 19 世纪有名的收藏家，为了存放越来越多的陶瓷收藏品，他甚至特别盖了这栋华丽的新古典主义建筑，并以他的母亲亚莉安娜命名。古斯塔夫由于没有子女，在临死之前将他毕生的收藏连同这栋建筑都送给了日内瓦政府，值得一提的是，万国宫的土地也是他捐赠的。

博物馆内可以看到来自世界各国的精美陶器、瓷器、彩釉和玻璃制品。通过这些展品，不但会发现许多 17 世纪法国、荷兰瓷匠会刻意模仿景德镇的青花瓷，也能找到一些中国景德镇为了外销欧洲而烧制的欧风瓷器。除了古代精品，馆内也有当代艺术家们丰富的杰作，法国大师拉利克（René Jules Lalique）的作品就让人大开眼界。

自然史博物馆

- 1 Route de Malagnou, Geneva 1208,Switzerland
- 于 Rue du Marché 搭乘 Tram 12，于 Villereuse 下车后步行 3 分钟抵达
- (0)22 481 6300
- 周二至周日 10:00-17:00（周一休息）
- 常设展免费
- www.ville-ge.ch/mhng

瑞士最大的自然史博物馆，每年可以吸引超过 20 万人前往，多样化的生物标本和各种珍奇异兽的模型从书本中跳出来，是最受小朋友欢迎的博物馆。

博物馆入口就是巨大的长毛象化石，为了迎接前来探索自然界的游客。1 层展示哺乳动物和鸟类，2 层为两栖类、爬虫类、昆虫及其他无脊椎动物，3 层及 4 层分别展示地球及人类演化、矿物及瑞士的地质结构。展览以静态标本或模型为主，但实体大小的生物模型搭配实体情境，常常让游客有逛动物园的错觉。

蓝色小精灵之屋 (Les Schtroumpfs)

- 23-29 Rue Louis-Favre, 1202 Genève
- 由火车站后方步行沿 Rue du Fort-Barreau 前往约 10 分钟
- 全天
- 免费

火车站后方游客较少接触的住宅区中，隐藏着几栋造型独特、充满想象力的建筑，主题游乐园般的公寓也有梦幻的名字——蓝色小精灵之屋，而这儿的居民也真的称自己为“蓝精灵”。

这几栋令人印象深刻的公寓是受到西班牙建筑大师高迪的启发所设计。建筑物舍弃冷硬笔直的线条，外墙像是涂抹上鲜奶油的蛋糕一样靓丽，鲜艳大胆的配色，随意扭曲的花草图案，让每户住宅的阳台都有独特的个性，走进小区真的有进入童话世界的错觉。

卡鲁日镇
(Carouge)

搭 Tram 12、13 至 Place du Marché 站下车，车程约 15 分钟

www.carouge.ch

卡鲁日镇是日内瓦近郊的幽静小镇，被称为“日内瓦的格林威治村”。以小咖啡馆与个性手工精品店出名，尤其是各种精品店，都是强调纯手工制造。店主同时也是店内的设计师，且店铺与工作室相连，个性十足。

卡鲁日镇曾经是萨丁尼亚王国的一部分，于 1754 年后开始发展为人潮聚集的市集，居民多为 18 世纪法国南部及意大利移民的后裔，街道巷弄流露着意大利南部的地中海悠闲风情。小镇独有的人文气息，与日内瓦市区的现代化大相径庭，也因此成为不少日内瓦人消磨午后时光的最佳去处。

住在日内瓦

日内瓦堡利维酒店
Beau Rivage

★★★★★

Quai du Mont-Blanc 13, 1201 Genève

(0)22 716 6666

800 瑞士法郎起

www.beau-rivage.ch

该店位于罗讷河右岸码头边，自 1865 年营业至今，是一家由 Mayer 家族经营、历史非常悠久的豪华酒店，内部奢华的程度简直就像住在欧洲皇室城堡中。酒店大厅的挑高天井流泻出柔和自然的光线，粉红色大理石立柱呈现出优雅高贵的风格，房间露台有正对着喷水柱绝佳的湖景，历史建筑的古典氛围中却有最高规格的现代化设备，因而成为许多名人政要的指定下榻之处。

这里连等级最差的房间都有宫廷贵族的豪华气派，更别提富有巴洛克色彩的历史套房和名人套房了。事实上，这里的确接待过不少皇室成员，其中最有名的便是“茜茜公主”奥匈帝国皇后伊丽莎白（Elisabeth Amalie Eugenie, Sisi），她最喜欢站在旅馆二楼的阳台上观看日内瓦湖和喷水柱的景色，饭店中还有一个小空间用来展示她曾使用过的帽子、手帕等，而她最后遇刺的地方就在这家酒店的前方。

酒店一楼有泰式餐厅和法国餐厅，午间套餐 70 瑞士法郎就能享用获得米其林一星的当季美味料理。想要感受更特别的美食飨宴，不妨预订“Chef’ s Table”套餐，8 人座长桌设在厨房的中央，可以清楚地看到厨师料理的过程，由行政主厨 Dominique Gauthier 在桌边亲自解说每道菜色的特点，从前菜、主餐到甜点，如同经历一场令人难忘的美食交响乐。

莱萨姆雷酒店
Hôtel Les Armures

★★★★★

Rue Puits-Saint-Pierre 1, 1204 Genève

(0) 22 310 9172

双人房 445 瑞士法郎起

www.hotel-les-armures.ch

该店仅有32间客房，是日内瓦规模最小的星级酒店，也是旧城区唯一的五星酒店，独特的中世纪风格，吸引了各国政要下榻于此。紧邻圣皮耶教堂、市政厅及旧武器库，酒店本身也是历史古迹，最早可追溯至 13 世纪的大教堂教士总会，现在大部分建筑则是 17 世纪时改建。1977 年进行大改装，成功地在历经沧桑的历史建筑中注入现代元素。走进一楼大厅，17 世纪的壁画及彩绘天花板图案原汁原味地呈现，不管是厚重的石墙与木梁、旧烟囱或石砌窗台，每间客房都有高级饭店的舒适，却也都保留一部分历史的痕迹。

爱普生酒店
Hôtel Epsom

★★★★

Rue Richemont 18, 1201 Genève

(0)22 544 6666

平日约 360 瑞士法郎，周末约 180 瑞士法郎（依日期变动）

Epsom Derby 在英国拥有 200 多年传统的赛马大会，而这家酒店便是以马作为主题，随处可见与马有关的装饰品。酒店的风格比较偏向国际风，整体氛围清新明亮，让人有宾至如归的感觉，尤其是房内的柜子打开后，里面竟有电炉、料理台、锅碗杯壶等整套厨具。不想在房内下厨的话也没关系，酒店一楼的 Portobello & Co 餐厅，以使用高级地中海橄榄油的料理闻名，也非常具有特色。

奥特伊玛诺特酒店
Hôtel Auteuil
★★★★

Rue de Lausanne 33, 1201 Genève
(0)22 544 2222
平日约 280 瑞士法郎，周末约 160 瑞士法郎（依日期变动）
www.manotel.com

成立于 1978 年的 Manotel 酒店集团，在日内瓦总共有 6 家酒店，每一家都在距离中央车站步行可达的范围之内，而且更棒的是，每一家都有色彩鲜明的主题风格，游客可以依据自己的喜好和预算来选择。譬如这家店走的便是现代都会风的路线，从大厅到门廊墙上挂着许多电影明星、爵士乐手的图画或照片，这些都是曾经造访过日内瓦的名人。房间的冷色系基调，配上暖色的床单与沙发，给人一种在宁静中求得温暖的感觉。宽敞的房间和阳台给予房客充足的活动空间，斜躺在阳台的躺椅上，还能望见喷水柱。

皇家玛诺特酒店
Royal Manotel
★★★★

Rue de Lausanne 41, 1201 Genève
(0)22 906 1414
平日约 350 瑞士法郎，周末约 180 瑞士法郎（依日期变动）
www.manotel.com

于 2008 年重新装修完成的这家酒店，是 Manotel 集团在日内瓦旗下的酒店中最大，同时也是最豪华的一家。这家酒店一如其名，走的是贵族风的气派路线，新古典主义风格的家具摆饰与所有现代化的设施完美结合，宽敞的空间设计也让游客可以完全地放松。同时，这里高规格的会议室与宴会厅，也获得许多商务人士的青睐。一楼的 Rive Droite 餐厅以时令的食材供应精致料理，其葡萄酒的种类也很丰富。

德拉帕克斯酒店
Hôtel de la Paix
★★★★★

Quai du Mont-Blanc 11, 1211 Genève
(0) 22 909 6000
650 瑞士法郎起
www.hoteldelapaix.ch

与日内瓦堡利维酒店隔着不伦瑞克纪念碑相望的这家酒店，虽然拥有同样格局的建筑和湖畔绝佳的湖景，却呈现出完全不同的当代潮流风格。黑白交错的菱形大理石地板与穿越天井的大吊灯，让大厅保留了法式传统风情，各楼层穿廊展示的抽象艺术画却又将游客拉回现代。

房间内是截然不同的设计，玫瑰主题房型，大片的玫瑰花瓣从天而降，延伸至主墙，不同深浅的红紫色调，将玫瑰的意象扩散至整个空间，躺在床上令人联想到电影《美国心・玫瑰情》中大量花瓣洒落的经典画面。以水为意象的房型使用湖水般的蓝绿主色，天花板中的吊灯像投入日内瓦湖的小水滴，水波纹由中心扩散，延伸至窗外美丽的湖景。这家酒店用当代设计元素赋予历史建筑新的意义，不禁令人佩服设计师的大胆与创意。

日内瓦保护区温泉酒店
La Rèserve Genève
★★★★★

Route de Lausanne 301, 1293 Bellevue-Genève
(0)22 959 5959
525 瑞士法郎起
www.lareserve.ch

该店是日内瓦五星级的酒店，特别请来法国室内设计大师贾西亚（Jacques Garcia）操刀，将旅馆全面翻新。新的装潢以原有的红色基调为基础，加入了非洲主题的元素，豹纹、象身等充满自然野性之美的图案，通过设计师的巧手，在室内营造出奔放而又不失典雅的氛围。

旅馆共有 102 间客房，每一间都可以享受到湖泊或是花园的优美景致。此外，每一间客房也以不同的色调进行装潢，充分显示出设计者的用心。

吃在日内瓦

Edleweiss

Place de la Navigation 2, 1201 Genève
(0)22 544 5151
19:00–23:00
www.manotel.com

位于Hôtel Edelweiss地下室的同名餐厅，大概是日内瓦新城内最受游客喜爱的餐厅了。来到这里，还没来得及坐下，就已被瑞士阿尔卑斯山间的节庆气氛所深深感染。这里是一家以阿尔卑斯高地风味为主的餐厅，每天晚上7:30之后便会有瑞士传统民谣演出，从手风琴、木响板、鲁特琴，到牛铃、阿尔卑斯长号等传统乐器，乐手们无不使出浑身解数，要让气氛达到最高点，甚至连在海碗中滚动零钱的声音都可以伴着手风琴和约德尔唱腔入乐。而表演者也会邀请观众上台，或是让观众参与演出，因此每位在这里用餐的顾客都能融入这种快乐的气氛中。

Senso Ristorante & Bar

Rue Du Rhône 56, 1204 Genève
(0)22 310 3990
周一至周五 12:00–15:00、18:00–22:30，周六、周日 18:00–22:30，周日 11:00–15:00 供应早午餐
www.senso-living.ch

想要近距离感受世界金融中心的氛围，除了走进银行，在这家餐厅享用午餐是更好的选择。位于罗讷河大街上的Senso供应意大利料理，这里少见拿着相机的游客，几乎都是穿着套装、精明干练的商务人士，是相当受欢迎的“潮餐厅”(Trendy restaurant)。用餐区走的是低调奢华路线，线条简单优雅，悬挂空中的金色鸟笼点亮起华丽感，酒吧区设于大楼的西班牙式中庭，整面酒柜墙有100多种意大利红酒可供选择。

Luigia

Rue Adrien-Lachenal 24A, 1207 Genève
(0)22 840 1515
周一至周五 12:00–14:30、19:00–23:30，周六 18:30–23:30，周日 12:00–15:00、18:00–22:30
www.luigia.ch

不仔细寻找很容易错过这家隐身小巷中的意大利比萨专卖店。被当地网友评价为日内瓦最好的比萨，这家餐厅的位置很隐蔽，却一点也不低调，圆形灯泡排列成的霓虹大招牌，让人误以为站在意大利夜总会入口。在这儿享用美食不用担心餐具如何使用或说话太大声的问题，中心围成一圈的长吧台式座位让欢笑热闹的氛围扩散，半开放厨房内的大窑烤炉，一再提醒你，不点份覆盖着浓郁芝士的薄脆比萨饼尝尝，就太对不起自己了。可惜这里不接受订位，建议提早前往，否则只好乖乖排队了。

Les Armures

Rue Puits-Saint-Pierre 1, 1204 Genève
(0)22 310 3442
全年无休
www.hotel-les-armures.ch

位于Hôtel Armures1楼的同名餐厅，创建于17世纪，号称日内瓦历史最悠久的餐厅。餐厅至今仍保留了中世纪的古老风味，一副雄壮威武的全套铠甲就矗立在柜台旁，地下室则是历史酒窖。Armures供应的是瑞士法语区的传统料理，古老的菜谱传承着数个世纪以来的美味，各种口味的芝士火锅交织成浓得化不开的芝士味觉网。如果对芝士没兴趣，推荐招牌鲈鱼料理，日内瓦湖新鲜现捞的湖鱼是来到这个城市必尝的特色佳肴。鲈鱼去骨切片后嫩煎，淋上以柠檬及香草提味的奶油白酱，那鲜甜中又留在舌根的一抹酸味，即使吃完满满一盘仍令人意犹未尽。

Riverside

Rue Du Rhône 19, 1204 Genève
(0)22 311 3200
8:00 至次日凌晨
www.riversidecafe.ch

严格来说，这里算是一家简单的轻食店，供应简单的早餐、三明治、沙拉和饮料，但室内紫色调的时尚设计，以及店门口那些坐拥喷水柱景观的舒适沙发，却让这家小店变得不简单。店如其名，这家餐厅最大卖点当然是坐落于河边的地理位置，白天是轻巧的咖啡馆，对身体无负担的轻食经过细心摆盘，漂亮地呈现在桌上，每个夏日午后，户外沙发区永远座无虚席。夜里变身紫光迷离的时尚酒吧，吸引人们下班后来此聚会小酌，缓解一天的压力。

Martel

Rue de la Croix-d' Or 4,1204 Genève
(0)22 310 3119
周二至周日 8:00-20:00（周一休息）

日内瓦手工巧克力不只是游客最爱的伴手礼，也是居民生活的必需品。创业于 1818 年，这家于市场大街上的老牌巧克力店，百年来深受市民喜爱。店内的手工巧克力口味多样丰富，甜而不腻、入口即化，但都是当日现做且售完为止。

不同于其他巧克力店只能外带享用，这里提供室内外座位区。在柜台前选择喜欢的巧克力和甜点后，找个喜欢的位置坐下，服务人员就会前来为你搭配饮料。天气好的午后，坐在户外用餐区，看街上西装笔挺和打扮时髦的路人，看电车以几乎贴近脸颊的距离擦身而过，一口巧克力，一口香浓咖啡，忙碌中不忘停下脚步享受片刻悠闲，这就是日内瓦生活态度的最佳呈现。

Môvenpick

Rue Du Rhône 18, 1204 Genève
10:00-20:00
ww1.moevenpick-icecream.com

来到莫凡彼冰激凌的诞生地，怎么能错过大快朵颐的机会。虽然在瑞士的超市就能买到各种口味的冰激凌，但是能坐在罗讷河边欣赏着喷水柱在阳光下挥洒出的一道彩虹，享用着 100%纯天然制造的顶级冰激凌，立刻添加了 1%属于瑞士日内瓦的悠闲味道。店内各种口味的单球冰激凌是附近上班族的最爱，当然也有多种丰盛的花式冰品可供选择。

Café du Marché

Place du marché, 1227 Carouge
(0)22 827 1696
www.cafe-du-marche.ch

走进卡鲁日镇市场广场旁的这家餐厅，会瞬间以为自己来到意大利南部村庄的小餐馆，墙面上彩绘着丰收的葡萄园，岁月在深褐色的木头老桌子上雕刻出痕迹，泛着淡淡的温润光泽，整个空间飘散意大利式的热情与欢笑声。老板娘熟练地捧着双人份丁骨牛排，一把长刀帅气地垂直插入特大份牛排中，在桌前表演分食秀，建议选择 7 分熟，烘烤过的外层诱发牛肉本身的香气，一刀划开，粉红色切面是视觉的飨宴，入口后细嫩鲜甜的口感实实在在地满足了味蕾，没有多余的酱料，撒点海盐，搭配意大利的特选葡萄酒，就能尝到最直接的食材原味。

Wasabi Sushi Bar

Boulevard Helvétique 32, 1207 Genève
(0)22 735 3232
周一至周六 10:00-22:00（周日休息）
wasabisushi.ch

在什么都贵的日内瓦用餐，对想要省钱的游客而言简直是天大的难事，除了超级市场的三明治及中国餐馆以外，这家方便快速又相对平价的小店，真是游客的福音。这家餐厅其实有点类似寿司店，师傅在吧台后现场制作各类寿司，生鱼片寿司、军舰卷、手卷、盖饭等，喜欢吃什么都能自取，收银台结账后可选择外带，也提供舒适的座位。夏天不失为歇歇脚吹吹冷气的好地方。

购在日内瓦

瑞士维氏军官刀
VICTORINOX

Rue du Marchè 2, CH-1204 Genève
(0)22 318 6340
周一至周五 9:00-19:00，周六 9:00-18:00
www.victorinox.ch

如果你以为 VICTORINOX 只售卖瑞士军刀和行李箱，日内瓦市场大街上的 VICTORINOX 旗舰店会颠覆你对这个品牌的看法。惊奇的旅程从门口那辆鲜红醒目、印着十字盾牌商标的 Smart 限量小车开始，接着是整个墙面的各款表、男女休闲服和非常特别的瑞士军刀造型香水；顺着镶嵌瑞士军刀的墙面走上楼梯，有更多兼顾休闲功能与时尚造型的服饰和舒服的更衣间。

地下室是此行的重点，除了各种软硬款式的行李箱、背包、旅行实用小物、厨房用品以外，2/3 的空间陈列型号齐全的瑞士军刀，除了主刀、剪刀、开瓶器、小镊子等基本款实用功能外，新款瑞士军刀还添加随身碟功能，也能找到特殊的滑雪或高尔夫球专用工具组。造型多变更是令人赞赏，除了传统的经典红色以外，还有更多颜色及材质选择，如复古款、限量版的贝壳表及大理石表面，甚至还有非常奢华的钻石镶嵌款式。VICTORINOX 已经从以实用著称的瑞士陆军用刀品牌，逐步转变成一个能满足生活、旅行与户外活动所有需求的全方位品牌了。

宝玑
Breguet

Rue du Rhône 40, 1204 Genève
(0)22 317 4920
周一至周五 9:00-19:00，周六 9:00-18:00（周日休息）
www.breguet.com

1775 年，天才制表师亚伯拉罕-路易·宝玑（A.-L. Breguet, 1747—1823 年）在巴黎开启了他传奇的制表生涯，也创造出宝玑两个世纪以来的荣耀岁月。直到 1976 年，表厂搬迁至环境优美的山中小镇 Vallee de Joux，从此才以瑞士为钟表生产基地。

宝玑是世界顶级钟表工艺的典范品牌，每个细节都精准呈现独特的品牌风格，如指针尖端的镂空圆点（Breguet hands）、花样繁复的手工雕刻金质表面、表盘上隐藏式的签名。宝玑重视艺术与科技的完美结合，即使只是一个隐藏在机芯中的小零件，也要经过严格的抛光打磨程序。对细节的讲究让宝玑一直受到皇室及政商名流的爱戴，法王路易十六、玛丽安东尼皇后、拿破仑及丘吉尔都是宝玑的拥护者。

百达翡丽
Patek Philippe

Rue du Rhône 41, 1204 Genève
(0)22 809 5050
周一至周五 9:00-19:00，周六 9:00-18:00（周日休息）
www.patek.com

2009 年，百达翡丽宣布不再使用日内瓦印记（Geneva Seal），取而代之的是自家的百达翡丽印记，这项宣告在钟表行业中引发轩然大波。因为日内瓦印记自 1886 年启用以来，一直都是日内瓦钟表产业的标准，它严格制定了机芯的质量与美感，且保证钟表是由日内瓦生产制造，当地钟表无不以烙上日内瓦印记为荣。然而百达翡丽每年生产的表便占了日内瓦印记申请总数的9成，且几乎每一款都能打上这个印记，于是百达翡丽决定制定出一套更严格的印记标准：除了质量和美感，更要求精准度标准量化；除了机芯需经过严格检验，全表的每一个零件都在检验范围之内。由此可以看出百达翡丽对于品牌的要求是何等严苛。

斯沃琪
Swatch

Rue du Marchè 40, 1204 Genève
(0)22 311 4542
周一至周五 9:00–19:00，周六 9:00–18:00（周日休息）
www.swatch.com

同样是瑞士制造的Swatch手表，主打的是年轻人的低价市场，在钟表与大众艺术的结合上，Swatch所表现出来的创意无人能及，从电影、漫画、时事到体育，几乎所有题材都能运用在Swatch表款的设计上，也让Swatch在低价钟表的市场中，以另类的风格成功地打响名号，开拓出一片新天地。Swatch在日内瓦共有3家分店，其中以市场大街上的这家最大、款式最齐全，值得品牌爱好者们来这里寻宝。

宝齐莱
Bucherer

Rue du Rhône 45, 1204 Genève
(0)22 319 6266
周一至周五 9:00–19:00，周六 9:00–18:00（周日休息）
www.bucherer.com

准备到瑞士买钟表的人，一定对宝齐莱 (Bucherer) 不陌生。从1888年开业至今，成为瑞士全国连锁的高级珠宝钟表专卖店，各种品牌的名表一应俱全，从顶级的宝玑、万国、伯爵、肖邦、浪琴等，到价格较平易近人的天梭、瑞士军刀、斯沃琪都找得到。

大卫杜夫
Davidoff

Rue de Rive 2, 1204 Genève
(0)22 310 9041
周一至周五 9:00–18:30，周六 9:00–17:00（周日休息）
www.davidoff.com

除了钟表之外，大卫杜夫算是日内瓦的另一项名牌，虽然创立人季诺·大卫杜夫（Zino Davidoff）是位乌克兰裔的犹太人，但他名闻天下的烟草事业却是在日内瓦起头的。靠着强烈的学习热情与对雪茄烟的热爱，季诺走遍整个拉丁美洲，并与古巴的烟草商合作，终于让大卫杜夫的品牌成为世界烟草产业的巅峰。目前大卫杜夫的烟草产地主要来自多米尼加。走进日内瓦的这家大卫杜夫烟草店，琳琅满目的各色烟草与林林总总的吸烟用具，简直就是个烟草博物馆；而后方的雪茄专卖区则又是另一处“博物馆”，除了大卫杜夫本身的6大系列之外，包括Domaine AVO在内的各种雪茄名牌也都应有尽有，而Avo Uvezian先生本人也经常到日内瓦的这家店来。

泽勒功克力
Zeller Chocolaterie

Place de Longemalle 1, 1204 Genève
(0)22 311 5026
周一至周五 9:00–19:00，周六 9:00–18:00（周日休息）
www.chocolat-zeller.ch

虽然门面并不起眼，但Zeller靠着一块块巧克力在日内瓦街头卖了50多年。1959年开店至今，坚持好原料、纯手工制作的Zeller巧克力店，仍然是日内瓦市民的最爱之一。已经90岁高龄的老板Willy Zeller，说起他的巧克力史仍然是兴致勃勃、活力十足，拿起一张张数十年来他所接受的采访剪报，Zeller对巧克力的执着令人印象深刻。Zeller是少数仍然坚持手工制作的巧克力工坊，其巧克力产品十分多样，但一定不能错过的是这里的招牌巧克力方砖，入口即化、不甜不腻，不知不觉让人一口接着一口，最棒的是，大方的老板还会常常端出巧克力请顾客试吃。

日内瓦湖区

日内瓦湖是西欧最大的湖泊，在法语中还有另一个极浪漫的名字，叫做莱芒湖（lac Léman）。日内瓦湖在瑞士和法国的交界处，湖泊北岸是瑞士一连串如珍珠般可爱的城镇，而湖泊南岸则是法国白雪皑皑的阿尔卑斯山头，以出产高级矿泉水闻名的依云（Evian）就在这里，而从瑞士的一侧往南看，还能望见西欧的第一高峰——勃朗峰（Mont-Blanc）。

日内瓦湖北岸的洛桑，以其风华绝代的哥特式大教堂与奥林匹克博物馆，每年吸引了大批游客，然而洛桑最美的地方却是在濒临大湖的乌希镇，广阔无垠的蔚蓝湖泊，衬上雄伟的壮丽雪山，即使待在湖边看一整天，也不会觉得时间漫长。洛桑近郊的拉沃是一片绵延 30 千米的葡萄园梯田，茂盛的葡萄藤蔓迤逦在美丽的日内瓦湖畔。

而沃韦（Vevey）和蒙特勒这两座相邻的可爱小镇，素有“瑞士蓝色海岸上的珍珠”之称，如果你发现自己竟不可自拔地爱上这两座城镇，请不要觉得惊讶，因为自古以来已不知有多少文人墨客曾被湖畔的美景感染而深受启发，写下许多著名的诗篇与小说。如果您还能继续往阿尔卑斯山区的方向走，食物香味与冰河 3000 的浪漫雪景，都能令你留下难忘的回忆。

日内瓦湖区交通

如何到达——飞机

无国际线航班直达此地区，需搭乘飞机至苏黎世或日内瓦机场，再转乘火车抵达日内瓦湖区。

如何到达——火车

从日内瓦到蒙特勒，有一条贯穿日内瓦湖北岸的铁路。从日内瓦出发，乘 IC、IR 直达洛桑约 40 分钟，乘 IR 直达沃韦与蒙特勒约 1 小时。从洛桑出发，乘 IR 直达沃韦 13 分钟，乘 S-Bahn 直达沃韦为 22 分钟。从沃韦到蒙特勒，乘 IR 只要 5 分钟，乘 S-Bahn 也在 10 分钟之内。从苏黎世出发也有直达洛桑的 IC，车程约 2 小时，但要到湖区的其他地方，就必须在洛桑转车。而要前往代堡的话，则要在蒙特勒转车，从蒙特勒到代堡可搭乘一般火车或黄金快车，车程皆为 1 小时。

如何到达——游湖船

从日内瓦右岸白朗湖河畔出发前往洛桑，如果时间和预算充裕，并想要欣赏美丽湖景的话，也可选择搭乘 CGN 公司的游船（Beautiful panoramic cruise），航程 3 小时 15 分钟。

CGN

☎ (0)84 881 1848

🖱 www.cgn.ch

市区交通

大众运输工具

在日内瓦湖区的城镇中，洛桑是规模比较大的城市，城内有 2 条地铁线，其中的 M2 线连接市区南端的乌希、洛桑中央车站、市中心的夫隆车站和大教堂附近的贝西埃尔站，是最常使用到的一条路线。洛桑市区内也有很多条公交车路线，而位于夫隆车站附近的 Bel-Air 公车站是许多条公交车路线的交会点。

出租车

日内瓦湖区的出租车，打表价为 6 瑞士法郎，城内每千米增加 3.8 瑞士法郎（此费率适用于 8:00-18:00），夜间或出城的话，为每千米 4 瑞士法郎。若有大型行李，每件加收 1.1 瑞士法郎。

旅游咨询

日内瓦湖区各旅游局网站

日内瓦湖区旅游局

🖱 www.lake-geneva-region.ch

洛桑旅游局

🖱 www.lausanne-tourisme.ch

拉沃旅游局

🖱 www.lavaux.com

精华景点

洛桑大教堂 (Cathédrale Notre-Dame)

必游之地 MUST-VISIT PLACES

搭 M2 至 Bessières 站，或搭巴士 16 至 Pierre-Viret 站，顺指标前往即达

(0)21 316 7161

周一至周五 7:00–19:00，周六、周日 8:00–19:00（10 月至次年 3 月 8:00–17:30）。钟塔 16:30 后停止进入

教堂免费，上钟塔 2 瑞士法郎

7—9 月有免费导览

任何一位曾经造访过洛桑的旅人，都一定会对华丽雄伟的洛桑大教堂留下深刻的印象。洛桑大教堂不但是瑞士境内规模最宏伟的教堂，同时也被认为是瑞士最美丽的哥特式建筑。这座瑞士法语区的精神堡垒始建于 1150 年，经过 7 次不同阶段的修建，终于在一百多年后的 1275 年宣告落成，并由教皇格列高利十世（Gregory Ⅹ）与哈布斯堡家的鲁道夫一世（Rudolph Ⅰ）为其举行奉献礼。

还没走进大教堂，南侧大门上的精致雕像就已让人叹服，《圣经》人物密密麻麻地占据了所有空间，每一尊的表情都栩栩如生，无论是艺术表现还是雕工技术，都堪称一绝，更令人惊讶的是，这些雕像在宗教改革之前都还有着鲜艳的色彩。教堂内部的装饰虽然因为改信新教而变得朴素，但缤纷绚丽的彩绘玻璃依旧动人，尤其是那扇从 13 世纪便远近驰名的玫瑰窗，更是让人应接不暇。这扇玫瑰窗由 105 片彩绘玻璃组成，每一片图案代表不同的节气、元素与黄道十二宫，体现了中世纪时期的宇宙观，对历史研究帮助极大。

只要肯走上 232 级阶梯的钟楼，大教堂便会用全城最佳的风景回报给游客。而洛桑大教堂另一处奇特的地方，就在于它可能是全瑞士最后一座保留守更人制度的教堂，每天 22:00 至次日凌晨 2:00 都能听到大教堂钟楼上传来守更人声若洪钟的报时声，在宁静的夜晚里，显得格外有趣。

奥林匹克博物馆
(Musée Olympique)

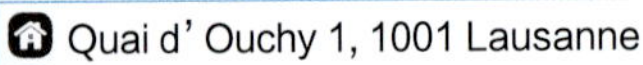
Quai d' Ouchy 1, 1001 Lausanne

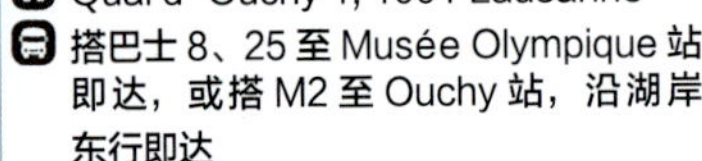
搭巴士 8、25 至 Musée Olympique 站即达，或搭 M2 至 Ouchy 站，沿湖岸东行即达

(0)21 621 6511

www.olympic.org

洛桑因为是国际奥林匹克委员会的总部所在，因而又有“奥林匹克之都”的美誉，也是世界上唯一可以任意使用奥运五环标志的城市，而 1993 年全世界第一座奥林匹克博物馆在此建成后，每年更是有数以万计的游客来到这座城市感受奥运会的魅力。博物馆门口外那根比大门还高的横竿标示着奥运史上的跳高纪录，让人想起那句“更快，更高，更远”的格言。

展示面积达 11 000 平方米的博物馆，展出超过上万个实体对象，从古希腊时期的圣火炬、奥林匹克遗物、神殿模型，到现代奥运会的器材设备、奖牌徽章、附属纪念品等，非常齐全。最吸引人的是这里还有历届奥运夺牌选手们当时所使用的体育用品，例如曾代表瑞士夺得 1996 年亚特兰大奥运鞍马金牌的李东华，他当时所穿的体操服和曾训练用过的鞍马就收藏在这里。除了实体展示，还有丰富的多媒体数据库，可找到任何一位你所崇拜的运动员的精彩影片。

拉沃葡萄园梯田
(Lavaux)

必游之地

拉沃的范围大约是从洛桑东边的 Lutry 一直延伸到沃韦西边的 Chardonne，一般而言，有以下几种方式可以到达：1. 从洛桑或蒙特勒搭乘 S-Bahn 的 S1、S3 至 Lutry 或 Cully，由此搭乘葡萄酒列车。2. 从洛桑或蒙特勒搭乘 S-Bahn 至拉沃的任一城镇后，下车以步行的方式遨游葡萄园。3. 从洛桑或蒙特勒搭乘 S-Bahn 至 Lutry、Cully、Chexbres，在当地的游客中心租借脚踏车。4. 6 月中旬至 9 月中旬可搭乘 CGN 公司的游湖航程 Famous lemanic vineyards

www.lavaux.com

日内瓦湖区的沃州（Vaud）是瑞士第二大葡萄酒产地，这一带共有 26 个葡萄园区，这处沿着日内瓦湖北岸种植的拉沃葡萄园梯田，种植历史可追溯至罗马军队占领的时期。

春夏时节，一片碧绿的葡萄园，没有秋日时的抢眼，但有更多活动可以进行，只在夏日的周五至周日开放的公共酒窖，则提供红、白酒的品酒体验。瑞士葡萄酒之所以没那么有名，是因为产量过少，多数葡萄酒都内销，尤其是白酒，常常一上市便被抢购一空，外国人只有到瑞士才有机会品尝。一般来说，瑞士的葡萄酒味道不那么厚重浓郁，较轻较薄，很容易入口。

对酒不感兴趣的游客，4 月至 10 月时可搭乘小火车在葡萄梯田里穿梭，寻找最适合拍照的地点，在沿着斜坡搭盖的小镇里乱逛也是种有趣的体验。不像法国或加州的大酒厂，拉沃地区的酒窖多半属于家庭经营，为了标出各自的特色，人们会在家门口挂上各式各样的铁铸门牌，或在墙上嵌一块展示窗，摆上自家酿的酒，这就是家小小的葡萄酒专卖店了。

食物博物馆 (Musée de L'alimentation)

星级推荐

Quai Perdonnet Case Postale 13, 1800 Vevey

出沃韦车站后往湖的方向走，至湖边沿湖岸东行即达（就在卓别林像后面）

(0)21 924 4111

周二至周五 10:00–17:00，周六至周日 10:00–18:00（周一休息）

成人 12 瑞士法郎，优惠票 8 瑞士法郎，16 岁以下儿童免费

www.alimentarium.ch

也许一般人对沃韦这个地名感到有点陌生，但对雀巢（Nestle）这个名字就再熟悉也不过了，而雀巢正是在沃韦起家的，其总部就设立在沃韦的日内瓦湖畔。而这座食物博物馆正是雀巢企业的产业之一，是世界少见的以“食”为主题的博物馆。

博物馆共分三层楼、五个展区，1 楼的主题是烹饪与食用，在烹饪的部分陈列了各种烹饪器材与食物原料，甚至还有一间让儿童学习厨艺的烹饪教室；食用的展区则是介绍世界各地的饮食文化，并通过游戏教导孩子正确的饮食观念。2 楼的主题是购买与消化，购买区布置成一家超市的模样，以生动的文字及多媒体介绍各种常见的食品类型；而消化展区当然就是讲解食物被吃进肚子之后究竟去了哪里。寓教于乐的布置设计，丰富多样的游戏操作，让孩子乐在其中。3 楼则会举办和生物科学有关的特展。

照相机博物馆 (Musée Suisse de L'appareil Photographique)

MUST-VISIT PLACES 必游之地

Grande Place 99, 1800 Vevey

出沃韦车站后往湖的方向走至大广场（Grande Place），就在广场东侧

(0)21 925 3480

周二至周日 11:00–17:30（周一休息）

成人 8 瑞士法郎，优惠票 6 瑞士法郎，16 岁以下儿童免费

www.cameramuseum.ch

可免费借用英语语音导览

和洛桑的艾莉榭摄影美术馆不同，沃韦的照相机博物馆展示的不是摄影作品，而是照相机本身。如果是位相机迷的话，一定会觉得自己身在天堂，因为这里的相

机收藏，从最原始还谈不上相机的摄像设备，到 21 世纪高画质的数码相机，可以说是一应俱全。在这里，你可以看到早期将感光液涂在玻璃上当作底片的摄像设备，在当时甚至就已经有配上颜料加工的彩色照片；你也能观看暗房的操作情形，了解产生影像的化学原理；而 100 多年前拍摄肖像照所搭设的布景，也让人有古今一同之感。

2 楼以上的相机展示更是洋洋大观，早期军队使用的像炮管一样的相机、第一代的拍立得相机、第一款跟着航天员漫步外层空间的相机、第一代可以在海底拍摄的相机……通过完整而详细的语音导览解说，你所得到的知识并不只是每一款相机的功能，而是了解人类如何克服技术上的困难，运用新的知识与科技，不断发展出日新月异的相机设备。

游戏博物馆 (Musée Suisse du Jeu)

- Au Château Case Postale 9, 1814 La Tour-de Peilz
- 至湖边沿湖岸东行，右弯接 Quai Roussy 后，前方的城堡即是
- (0)21 977 2300
- 周二至周日 11:00-17:30（周一休息）
- 成人 9 瑞士法郎，优惠票 6 瑞士法郎，6~16 岁儿童 3 瑞士法郎，6 岁以下儿童免费
- www.museedujeu.com

散步在沃韦蔚蓝的湖边，可以看到远处有一座带着中古幽情的城堡，走进庭园却看到孩子们追赶跑跳地玩着各种游戏，还以为自己误闯了当地的小学呢。其实这栋城堡就是最受儿童喜爱的游戏博物馆，博物馆中收藏了来自世界各地的游戏种类，从远古时代用石头玩的“拈”，到 2009 年最新款的 Xbox，数千年的游戏智慧全部浓缩在这栋城堡里了。这里最精彩的是各组精细雕工、造型夸张的西洋棋和象棋，光是看就很赏心悦目。

其实，这座博物馆所要展示的并不只是“玩具”本身，而是由这些玩具达成的“游戏”行为，游戏的历史几乎和人类的文明一样长久，早在古希腊希罗多德的著作《历史》中，就对吕底亚人的游戏已有记载。

希永堡
(Château de Chillon)

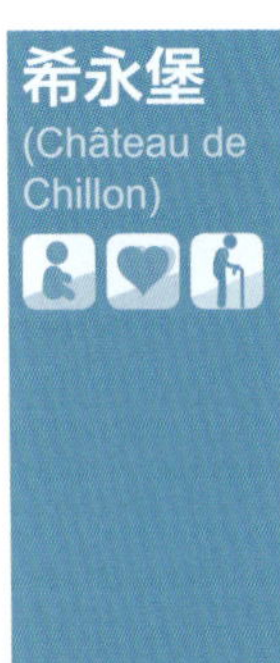

- Avenue de Chillon 21, 1820 Veytaux-Montreux
- 搭 S-Bahn 通勤电车至 Veytaux Chillon 站，或从沃韦、蒙特勒搭巴士 201 至 Chillon 站即达。若时间充裕，可从蒙特勒出发，沿着湖畔“花径 Flower path”步行至城堡，总长 4 千米，步行约 45 分钟
- (0)21 966 8910
- 11 月至次年 2 月 10:00-17:00，3 月和 10 月 9:30-18:00，4—9 月 9:00-19:00（关门前 1 小时停止售票）
- 成人 12 瑞士法郎，优惠票 10 瑞士法郎，6~16 岁儿童 6 瑞士法郎
- www.chillon.ch

希永堡是瑞士最重要的古堡之一，早在罗马时代便已矗立在这里坐看人间的潮起潮落。11—13 世纪时，希永堡扩大改建，成为今日的模样，其后城堡经历了萨伏伊（Savoy）和伯尔尼人（Bernese）的统治，一直到 1798 年沃州革命(Vaudois Revolution)后，才正式成为公有财产。

希永堡的地基位于 300 米深的日内瓦湖湖底，城堡底部依山势修建，从外观看来，既像是和山坡合二为一，又仿佛漂浮在水面上。公元 1816 年，英国诗人拜伦（Lord Byron）来到希永堡参观，有感于这段历史，因而创作出《希永的囚徒》（*The Prisoner of Chillon*）这首不朽的诗篇，而希永堡也因为这首诗的流传而声名远播。如今在地牢的第 3 根柱子上，还可以清楚看到拜伦当年到此一游的亲笔签名，也成为希永堡中最热门的部分。

逛完地窖，可顺着指标依序参观城堡主楼的各个厅堂，这里的许多房间都复原成伯尔尼人统治时期的样貌，包括主饭厅、大厅、卧室、小客厅、小教堂、文书院、军械室、审问室、茅厕等，完整地呈现了从前人们在古堡内的生活点滴。从城墙顶部的巡廊上，可以一睹城内的格局，而高耸的主塔则是城堡视野最好的地方，从这里望向日内瓦湖及阿尔卑斯山，景色非常优美。

冰河 3000 (Glacier 3000)

星级推荐

- 1865 Les Diablerets - Gstaad
- 到冰河 3000 有两种方式，一是从蒙特勒搭乘火车前往 Aigle，在 Aigle 换搭 TPC 的窄轨火车到 Les Diablerets，再乘邮政巴士前往 Col du Pillon。另一种方式是从蒙特勒搭乘黄金列车到 Gstaad，再从那里转乘邮政巴士到 Col du Pillon
- (0)24 492 0923
- Col du Pillon 至山顶 Scex Rouge 的主要缆车：11 月上旬至次年 5 月初上旬 9:00-16:30，5 月上旬至 9 月中旬 9:00-16:50
  阿尔卑斯云霄飞车：4—10 月
  雪地履带小巴：5—9 月 11:30-15:30，每小时 1 班
  冰雪公园：11 月上旬至次年 5 月 9:00-16:00 越野滑雪：6—12 月
  缆车维修：9 月中旬至 10 月下旬（每年略有不同，请上网查询）
- Col du Pillon 至 Scex Rouge 缆车：成人往返票 77 瑞士法郎，儿童及持瑞士通票享半价
  冬季滑雪 1 日券：成人 61 瑞士法郎，9~16 岁儿童 41 瑞士法郎
  阿尔卑斯云霄飞车：9 瑞士法郎（5 次票为 36 瑞士法郎）
  雪地履带小巴：往返票每人 15 瑞士法郎
- www.glacier3000.ch

冰河 3000 顾名思义，就是海拔高达 3 000 米的冰河，这里终年积雪，永远都是一片银白色的世界，是世界上少数在夏天也能滑雪的地方。与瑞士其他高山相同，这里也建有现代化的登山缆车，在山顶上也有景观餐厅和滑雪设施，以及一些提供给非滑雪客的娱乐项目。同时，打着国际知名建筑师马利欧·波塔（Mario Botta）的名号，让冰河 3000 更有种时髦与现代感。

虽然这里的活动以滑雪为主，但若不是滑雪爱好者的话，仍然能在这里找到许多乐子，譬如每天从 Scex Rouge 缆车站出发的雪地履带小巴，带着游客穿越雪白一片的冰河，体验冰原上的寒地风光。另一项最受游客欢迎的，就是乘坐由一群可爱的哈士奇拉的雪橇在雪地里奔驰，体验早期人们的交通方式。而阿尔卑斯云霄飞车总长 1 千米的轨道，共经过 520° 的回旋、10 处弯道、6 道波浪和 3 处弹跳。

而在马利欧·波塔所设计的波塔 3000 餐厅用餐，连室外的冰原高山美景也一并映入眼帘，气氛优雅浪漫。当然，除了高级餐厅之外，这里也有平价的自助餐厅，让游客可以省下钱来，在这里玩得更尽兴。

卢加诺

虽然卢加诺拥有提契诺州（Ticino）最大的城市与瑞士第三大经济重镇的双重身份，仍有一般大都市难得一见的水色风光，距离意大利边境仅有短短几千米，意大利热情的生活态度与忙碌时髦的都市风情在此融合得恰到好处。漫步卢加诺的旧城区，可以参观古迹，也可以购物。想要享受奢华的度假氛围，沿湖兴建的高级度假旅馆，不会让你失望；想要郊游踏青，乘上市郊电缆车即可轻松登上圣萨尔瓦多山或布雷山。吃、喝、玩、乐、买，在卢加诺，样样不缺。

别忘了走一趟水路，拜访卢加诺湖边邻近的小镇。看沿湖绿意映照在澄清的湖水中，让人仿佛坠入湛蓝水色与小镇淳朴景致所编织成的梦幻天地中，悠然忘归。夏季时分，沿湖徒步区还有烟花秀和街头表演吸引游人驻足。

卢加诺交通

如何到达——飞机

卢加诺机场位于卢加诺西边的阿尼奥，为欧洲线的国际机场，可飞往苏黎世、日内瓦等瑞士国内城市，以及意大利、法国等欧洲国家。

www.lugano-airport.ch

如何到达——火车

由苏黎世搭乘火车前往卢加诺，约 2.5 小时，每小时 1 班，有直达的 ICN，或是搭乘 IR 至阿尔特·戈尔道转车。从卢塞恩可搭乘威廉·退尔快车至卢加诺，含游船的时间在内，车程大约 5.5 小时，要注意的是，中途需在贝林佐纳换车。而每年 5 月中旬至 10 月中旬，从库尔或圣莫里茨出发，也可搭乘贝尔尼纳快车至意大利的蒂拉诺（Tirano），再转乘贝尔尼纳巴士前往卢加诺，时间为 8 ~ 9 小时。

如何到达——邮政巴士

从圣莫里茨可搭乘棕榈快车（Palm Express）至卢加诺，这条路线于 6 月中旬至 10 月中旬每日运营，行驶时间大约 4 小时，成人单程票价为 79.1 瑞士法郎，持有瑞士通票则需另外支付 15 瑞士法郎。同时要注意的是，由于从圣莫里茨到卢加诺的棕榈快车会穿越意大利国境，因此需要携带有效的签证。

棕榈快车

www.palmexpressinc.com

市区交通

大众运输工具

卢加诺市区的观光景点大多在湖边，因此沿着湖岸散步是一种相当惬意的旅行方式。若是不想走路，或是要前往比较远的郊区，可以利用 TPL 提供服务的 10 余条公交车路线，市区内单程 1.2 瑞士法郎。而从卢加诺火车站，也有一条短程电车可以直达山下的旧城区内。

www.tplsa.ch

旅游咨询

火车站游客服务中心

Piazzale della Stazione, 6900 Lugano

(0)91 923 5120

4 月上旬至 10 月下旬周一至周五 15:00–18:30，周六 11:00–19:00；10 月下旬至次年 3 月下旬周一至周五 14:00–18:30，周六 10:00–17:30

精华景点

卢加诺旧城区 (Lugano Old Town)

由火车站可搭乘下山电车，每人单程 1.1 瑞士法郎，能直接抵达山下的旧城中心

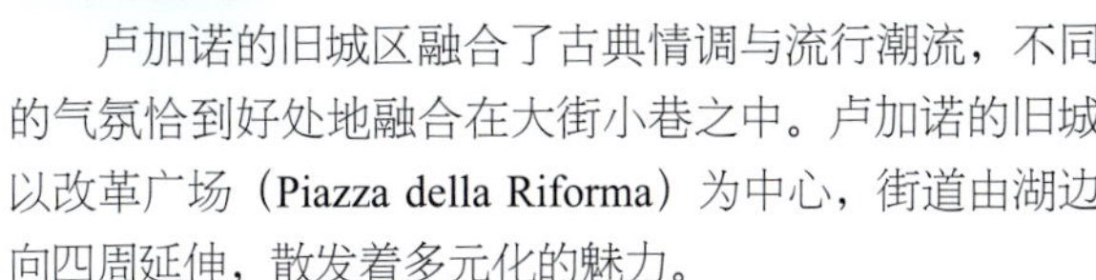

卢加诺的旧城区融合了古典情调与流行潮流，不同的气氛恰到好处地融合在大街小巷之中。卢加诺的旧城以改革广场（Piazza della Riforma）为中心，街道由湖边向四周延伸，散发着多元化的魅力。

改革广场上一家家咖啡馆与餐厅，游人们熙来攘往，搭配上广场一角露天西洋棋局的围观人群，好一幅悠闲自在的夏日风情。沿着小路来到狭小巷弄中，街边有各式土产与食品店，售卖着地道的美味，空气中弥漫着一股热情与活力。转个身，由改革广场向南来到那萨精品街上，眼前换成林立的各式高级钟表及名牌服饰店，这是卢加诺市中心最主要的逛街购物区。大部分商店的营业时间为平日 9:00-18:30，周四晚上为 9:00-21:00，周六为 9:00-17:00，周日休息。

卢加诺游湖
(Grande Giro del Lago)

必游之地 MUST-VISIT PLACES

- Viale Castagnola 12, 6906 Lugano
- (0)91 971 5223
- 游湖行程从 4 月上旬至 10 月下旬。行程从卢加诺码头出发，时间如下：晨间游船每日 9:25（行程 3 小时），午餐游船每日 11:45（2 小时），全景游船每日 14:05（3 小时 15 分钟），豪华游船每日 14:40（3 小时）
- 一般交通船的价格依不同行程有所不同，价格在 25.8 ~ 42.4 瑞士法郎。另有 1 日票（票价成人 43 瑞士法郎、儿童 23 瑞士法郎）、3 日票（票价成人 58 瑞士法郎、儿童 29 瑞士法郎）及 7 日票（票价成人 73 瑞士法郎、儿童 47 瑞士法郎），可在有效期内无限次搭乘，也可使用瑞士通票
- www.lakelugano.ch

卢加诺湖在瑞士及意大利的交界，它是 U 字形的狭长冰河湖，自古以来就是重要的商业中心，如今搭乘游船欣赏湖岸依山而建的小镇，感受瑞士南部慵懒阳光的度假氛围，是游览卢加诺不可或缺的一部分。包括刚德利亚、莫尔格特以及瑞士小人国所在的梅利德小镇，都位于卢加诺湖湖边，搭乘交通船前往，不仅方便，而且可以饱览湖上风光，相当惬意悠闲。

卢加诺市区内有两个主要的码头，分别是旧城改革广场对面的卢加诺中心码头与南方距离圣萨尔瓦多较近的卢加诺天堂码头，已经确定要停靠某些小镇的游客，可以直接搭乘交通船前往。另外，也有多种游船行程可供选择，若时间有限，推荐短航程“Tours in the Bay”，每 45 分钟 1 班，约 1 小时航程，可自选停靠点下船游览，再搭下一班船继续行程，成人 25.8 瑞士法郎。

众天使圣母教堂

(Chiesa di Santa Maria degli Angioli)

Piazza Luini 3, 6900 Lugano

从改革广场沿 Via Nassa 南行即达

(0)91 922 0112

全年 8:00–12:00、15:00–19:00 开放

免费

坐落于旧城中卢伊尼广场旁的众天使圣母教堂，始建于 15 世纪左右，原属于弗朗西斯修道院。这座教堂拥有极为珍贵的文化历史瑰宝。而使众天使圣母教堂拥有不凡地位的，便是教堂中数幅出自伯纳迪诺 • 卢伊尼（1475—1532）之手的壁画。

伯纳迪诺 • 卢伊尼与达 • 芬奇同属于米兰画派，在当年更拥有与达•芬奇齐名的地位。在众天使圣母教堂中，将圣坛与主殿区分开来的墙上，有教堂最为知名的壁画，壁画描绘了基督受难及圣塞巴斯蒂安（St. Sebastian）被利箭穿身的故事，缤纷的色彩及精致的画工，生动地描绘了受刑那一幕的情形。此外，面向圣坛左手边的壁画《最后的晚餐》，也是出自伯纳迪诺 • 卢伊尼之手。

圣萨尔瓦多山

(Monte San Salvatore)

MUST-VISIT 必游之地 PLACES

登山铁道车站则位于 Lugano Paradiso 地区，由卢加诺天堂火车站步行前往，约 5 分钟

(0)91 985 2828

登山铁道缆车于 3 月上旬至 11 月上旬开放。上山首班车为 9:00，末班车时间为 17:00；4 月、5 月及 10 月上旬末班车为 19:00；6—9 月末班车为 23:00，每 0.5 小时发 1 班车（11 月至次年 2 月休息）

成人往返票为 28 瑞士法郎，单程票为 21 瑞士法郎；儿童往返票为 14 瑞士法郎，单程票为 10.5 瑞士法郎。持有瑞士通票享半价优惠

www.montesansalvatore.ch

从山下铁道车站出发，搭乘可爱的红色缆车，12 分钟就可以登上高 912 米的圣萨尔瓦多山。离开车站继续往全景观景台方向前行 5 分钟，就能抵达观景台上的小教堂，由此可眺望 360° 的全景观，卢加诺市区、布雷山、绕着两岸小山蜿蜒的卢加诺湖及圣乔治山都能一览无余。

刚德利亚
(Gandria)

搭乘卢加诺湖游轮约 35 分钟可达。也可由卢加诺市中心步行至此，需 50 分钟至 1 小时

位于布雷山的山脚下，刚德利亚是卢加诺湖周边的一处小城镇，也是在卢加诺湖游船不能错过的一个小站。这座拥有百年历史的小镇，过去是个以捕鱼为生的小渔村，依山傍水的环境，让这里发展成热门的观光景点。

游客可以选择由卢加诺徒步或搭乘游船前往刚德利亚。当船只在湖上行驶时，远远地就可以看到这个沿着陡峭山壁建造的可爱村镇，略显褪色的屋舍外墙，透露出这个迷你小镇的年岁。走下简单的木造码头，就是这一方纯朴简单的小天地。和煦的阳光斜照进鳞次栉比的房舍之间，铺石的巷弄蜿蜒在层层叠叠的房屋之中，营造出专属于小镇的温暖情调。沿途还有各式手工陶艺品店，有多样的陶艺品供游客挑选。

雪山玫瑰巧克力博物馆
(Museo del cioccolato Alprose)

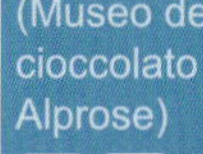

必游之地 MUST-VISIT PLACES

- Via Rompada 36, 6987 Caslano-Lugano
- 从卢加诺火车站对面的 Funic. Lug. 火车站搭乘往 Malcantone 方向的通勤电车（橘线），于 Caslano 站下车，后跟随指示牌步行约 10 分钟抵达
- (0)91 611 8888
- 周一至周五 9:00-17:30，周六、周日 9:00-16:30，巧克力商店营业时间延长 0.5 小时
- 成人 3 瑞士法郎，6~16 岁儿童 1 瑞士法郎
- www.alprose.ch
- 周一至周五工厂运作时间才能看到巧克力生产过程

巧克力博物馆设立在雪山玫瑰巧克力工厂旁，从入口处的巧克力喷泉开始，棉花糖蘸着光泽闪耀的牛奶巧克力，让大人小孩都能带着微笑走进香浓的巧克力世界。

小小的展示空间中，博物馆用影片述说巧克力的历史。玻璃橱窗中陈列着各种制作巧克力的原料和模型，有常见的方块小铁盒、几乎每家巧克力店必备的万圣节

兔子模型，还有特别的鞋子及动物模型等，最有趣的是从世界各地搜集到的巧克力包装纸和充满历史感的旧型巧克力售货机。

参观完静态展示，接着看看有生命力的巧克力。推开塑料帘幕，就会立刻被空气中诱人的甜味吸引，特殊的空中走廊架设在工厂生产线上方，虽然原料搅拌混合都是在大型机器中进行，看到浓稠的液态巧克力灌模后低温定型、快速包装，最后生产在线滚动的模样，还是令人食指大动，恨不能马上大咬一口。博物馆旁的雪山玫瑰巧克力专卖店可无限量免费试吃巧克力。

洛迦诺

背倚群山，坐拥马焦雷湖（Lago Maggiore）的洛迦诺，是瑞士最热门的度假胜地之一。阳光、湖泊、山色与意大利语区热情的民族天性，让洛迦诺与瑞士其他地区有着截然不同的风情，自古以来就受到欧洲游人的青睐，吸引许多贵族、文人来此停留，为洛迦诺留下了丰富的人文风采。在此举行的一年一度的国际电影节更是全球聚焦的影坛盛事，每年皆吸引超过 15 万人专程前来。

洛迦诺在 16 世纪之后才被正式划入瑞士版图，在那之前，洛迦诺一直都下辖于意大利的米兰大公国，而在宗教方面，则是在意大利科莫主教（Bishops of Como）的管理之下。在政治与宗教的双重力量下，洛迦诺由文化、历史，一直到建筑、艺术等方面，都受到意大利极深的影响。洛迦诺除了在历史上与意大利的渊源极深，气候更是与意大利十分相同，和煦的阳光和宜人的温度，孕育了各种地中海气候的植物，如木兰花、棕榈树、无花果树、石榴树等，使城市弥漫着南欧的温暖风情。

洛迦诺交通

如何到达——火车

从瑞士其他地区搭乘火车前往洛迦诺，一定会经过贝林佐纳，且大部分车次需要在贝林佐纳换车。从苏黎世出发的直达车需 3 小时，每 2 小时 1 班。每年 5 月中旬至 10 月中旬，从卢塞恩也可搭乘威廉·退尔快车至贝林佐纳，再转往洛迦诺，含游船的时间在内，车程大约 5 小时。

由卢加诺搭乘火车前往洛迦诺，需在贝林佐纳换车，约需 1 小时。若是搭乘 S-Bahn 的 S10，则要在朱比亚斯科转乘 S20，需 57 分钟。从贝林佐纳前往洛迦诺，搭乘 IR 约 20 分钟，搭乘通勤电车 S-Bahn 的 S20，也只要 27 分钟。

如何到达——公交车

从贝林佐纳前往洛迦诺也可以选择在火车站前搭乘公交车 311 号，大约 40 分钟可抵达。

市区交通

洛迦诺市区的景点都可以步行到达，相当方便。若要前往周边景点，则可搭乘邮政巴士。

租车

Europcar

(0)91 760 0855

www.europcar.ch

Hertz

(0)91 743 5050

www.hertz.ch

旅游咨询

游客服务中心

Largo Zorzi 1, 6600 Locarno

(0)91 791 0091

周一至周五 9:00-18:00，周六 10:00-18:00，周日 10:00-13:30、14:30-17:00

www.ascona-locarno.com

精华景点

岩石圣母教堂 (Santuario della Madonna del Sasso)

必游之地 MUST-VISIT PLACES

- Via Santuario 2, 6644 Orselina
- 沿火车站站前大街向市区前行可抵达电缆车站，搭乘电缆车至终点 Orselina，下车后顺着阶梯向下步行约 5 分钟可达
- (0)91 743 6265
- 电缆车：4—10 月 7:00-21:00，每 15 分钟 1 班；7 月及 9 月 7:00-22:00；8 月 7:00 至次日凌晨；11 月至次年 3 月 7:15-19:45，每 30 分钟 1 班
教堂：6:30-18:30
附设美术馆：4—10 月，周日至周五 14:00-17:00（美术馆周六休馆）
- 电缆车：成人往返 6.6 瑞士法郎，儿童 3.3 瑞士法郎

居高临下的岩石圣母教堂，是洛迦诺最引人注目的地标，在当地的信仰与建筑历史上，都扮演了极为重要的角色。这个教堂拥有一个非常传奇的故事，据说在 1480 年的夏日某个午夜，有一位圣弗朗西斯修道院修士在眺望夜空时看到了圣母怀抱圣婴的景象出现在市郊的峭壁附近，并且梦到圣母指示他在该处建造教堂，因此修士亲手建造起这座岩石圣母教堂，之后经过当地信徒的帮助，1650 年左右教堂大致修建完成。

教堂多是靠信徒捐献建造而成，因此空间设计略显凌乱，但是丝毫无损于教堂的美观，尤其是其明亮的黄色墙面与红褐色的屋瓦，在蓝天及湖水的映衬下，更显得高雅，让人神往不已。

走进教堂，天花板及墙面的五彩壁画也相当珍贵，尤其是一幅描绘埃及的壁画，正是出自 16 世纪的名家布拉曼蒂诺（Bramantino）之手。其次，教堂也以灵验闻名，墙壁上挂满了各种信徒回赠的感谢牌，写着“Grazia Ricevuta”，其意思即为“感谢恩泽加诸于我”，显示了信徒对圣母的感激之情及信仰的虔诚。

卡尔达达与奇美塔 (Cardada & Cimetta)

必游之地 MUST-VISIT PLACES

- Via Santuario, 6644 Orselina
- 沿火车站前大街向市区前行可抵达电缆车站，搭电缆车至终点奥尔塞利纳转乘空中缆车抵达
- (0)91 735 3030
- 奥尔塞利纳至卡尔达达：1—5月及9—10月，周一至周五9:15-18:15,周末及假日8:15-18:15(每30分钟1班)；6—8月每日8:15-18:15（每30分钟1班）、18:15-20:15（每小时1班）
  卡尔达达至奇美塔：3—10月9:30-12:30、13:30-17:20，3—5月最后班次为16:50；11—12月维修期间，每年时间不定
- 奥尔塞利纳至卡尔达达：成人往返28瑞士法郎，6~15岁儿童14瑞士法郎
  卡尔达达至奇美塔：成人10瑞士法郎
  奥尔塞利纳至奇美塔：成人往返36瑞士法郎
- www.cardada.ch

高1350米的卡尔达达观景台，是眺望洛迦诺市区、马焦雷湖和阿尔卑斯山脉的最佳地点。前往卡尔达达要先搭乘往岩石圣母教堂的登山缆车，于奥尔塞利纳下车后转乘空中缆车，现代感十足的缆车是由瑞士知名的设计师马里奥·博塔（Mario Botta）设计，整片透明的窗框式车体，视野极佳。

离开卡尔达达缆车站后，向山崖方向步行，树林中的观景台就像一个从树梢上向外凸出的平台，仅用A字形钢架结构支撑，下方悬空，风大的时候观景台还会微微摆动，风景虽美，却也是一种挑战。走过一小段林道就是小缆车站，搭乘滑雪场常见的双人座开放式缆车可到达更高处的观景台，这里的景色更宽广，视线随风飞越马焦雷湖，白云似乎触手可及，对岸的意大利及湖边山脉在脚下绵延。

阿斯科纳
(Ascona)

从洛迦诺火车站外搭乘1号公交车，于终点站Ascona Posta下车，车程约10分钟

洛迦诺西南方的阿斯科纳，像是马焦雷湖畔一朵盛开的向日葵，热情、亮丽又有独特的个性。这个色彩缤纷的小镇，直到19世纪末，依然是不起眼的淳朴小渔村。因为位于瑞士海拔最低点，拥有最充足的日照和温和的气候，加上马焦雷湖的湖光山色，吸引了一批有影响力的哲学家、宗教领导者和艺术家前来定居，逐渐将小渔村改造成具有人文艺术气息的度假胜地。

小镇房子像调色盘般色彩丰富，呈现协调的美感，漫步在蜿蜒的石板巷道中，两侧的古老建筑上还留有装饰性的宗教壁画，转个弯，被咬了一口的大型青苹果雕塑静静地躺在街角，却也不显突兀。小巷子内布满画廊、时尚餐厅和个性小店，还有湖畔坐无虚席的餐厅和咖啡馆，将阿斯科纳欢乐悠闲的度假氛围炒热到最高点。

佛萨斯卡谷 (Valle Verzasca)

必游之地 MUST-VISIT PLACES

- Via ai Giardini, 6598 Tenero（佛萨斯卡谷旅游服务中心）
- 可在洛迦诺火车站前搭乘行驶于 Locarno-Tenero-Sonogno 的邮政巴士，即可到达佛萨斯卡谷间各个城镇及景点
- (0)91 745 1661
- www.tenero-tourism.ch
- 建议旅游时间为 6—9 月

● 佛萨斯卡水坝

- 搭乘邮政巴士至 Diga Verzasca 站即达
- (0)91 780 7800（Trekking Team）
- www.trekking.ch（Trekking Team）

● 萨尔蒂罗马桥

- 搭乘邮政巴士至 Lavertezzo 站即抵达

● 卡奇波

- 搭乘邮政巴士在 Corrippo, Bivio 站下车，过河步行约 20 分钟左右可达

● 松诺

- 搭乘邮政巴士至 Sonogno 站即达

洛迦诺位于不少溪流汇集的马焦雷湖边，其附近因各个溪流流经冲刷所形成的山谷，自然就成了洛迦诺市民假日休闲的最佳去处，而佛萨斯卡谷就是其中之一。

距离洛迦诺仅有 1.5 千米的佛萨斯卡谷，以特内罗镇为起点向山间延伸，是周边山谷中距离洛迦诺最近的一个。佛萨斯卡谷是一个新兴的观光景点，居民过去皆以农耕为主业，生产城市所需要的牛奶、奶酪等农产品。这些居民往往只有夏日居住在谷中，一到冬天便搬出山谷，移往较为温暖的地方居住。也幸亏山谷开发得较晚，让这里保留了更多原始山林之美及传统风情，尤其是那清可见底的碧绿溪水及散落在山谷间一个个淳朴的传统聚落，都令人惊艳不已，让人不禁羡慕起洛迦诺市民。

佛萨斯卡水坝 Verzasca Dam

走在佛萨斯卡谷的山路上，任谁都不会错过这座巨大的佛萨斯卡水坝，因为这座深 220 米的超大水坝，是全欧洲最大的水坝。佛萨斯卡水坝除了蓄水发电的功能之外，同时也是颇负盛名的极限运动场地，在极限运动玩家的心目中，这处全世界落差最大的高空弹跳点，是他们一生一定要挑战一次的地方。著名的 007 系列电影《黄金眼》，就是以詹姆斯·邦德在这里进行的高空弹跳为开场。

萨尔蒂罗马桥 Pont dei Salti

萨尔蒂罗马桥是佛萨斯卡谷的第二处主要歇脚景点，这座高 12 米，宽度仅 1 米的优美双拱造型罗马桥已有 250 年历史，搭配上四周佛萨斯卡谷的青山绿水，让这里成为不少摄影师取景拍照的最佳地。夏天时，碧绿的河水会吸引不少游客前来戏水、游泳、做日光浴。

卡奇波 Corrippo

有别于松诺的高知名度，卡奇波是个极少有游客前往的迷你小镇，古老的屋舍静静地屹立在这个山谷的小角落，沿着坡地建造密集的房舍，反而让小镇多了一股温馨感。走在僻静的小巷弄中，能让人忘却一切烦忧。

松诺 Sonogno

松诺是佛萨斯卡谷最末端的一个小城镇，这里以保存完整的传统石造房舍最为知名，历史从 100 到 300 年不等的古老屋宇沿着山坡林立，形成一个淳朴温馨的小村镇。街边还不时售卖着由老村妇手工制作的果酱和面包。在这里，时间仿佛暂时停止，十分惬意悠闲。

施库奥尔

现今的恩加丁河谷是瑞士少数使用罗曼语的地区之一，虽然罗曼语在瑞士历史的演进中逐渐消失，然而其文化与传统，仍旧在这遗世独立的清新谷地中默默传承。位于恩加丁河谷的施库奥尔，是一座典型的罗曼小镇，色彩缤纷的屋舍壁画与散布在小镇四处的喷泉广场，让这里洋溢着童话故事般的浪漫与神秘。

耸立于岩石峭壁边的施库奥尔，其镇名即是源自罗曼语的“Scopulus（岩石）”，这里早在公元900年即有人居住，由于地处瑞士南部的交通要道，使得施库奥尔在过去一直是兵家必争之地，同时其漫长的冬季，也让居民仅能勉强维持温饱而已。然而，这一切都在19世纪时改变，交通的进步，让施库奥尔的温泉名声大噪，也让这里一夕之间繁荣了起来，成为以温泉疗养闻名的温泉胜地。

施库奥尔的观光资源不仅仅止于温泉，气候与文化背景也是各地游客不远千里而来的原因，原来这里拥有瑞士年平均最多的晴天。另外，施库奥尔也相当懂得利用气候优势，不仅以长达9～10个月的雪季营造出冬季运动的天堂，在短暂的夏天，村民还会在窗台种满盛开的花朵来吸引游客的目光。

施库奥尔交通

如何到达——火车

从苏黎世方向前往施库奥尔，必须先坐到兰德夸特转搭火车至塔拉斯普站，车程 2 小时 39 分。由圣莫里茨出发，需先至萨梅丹换乘火车，最快约 1 小时 16 分钟。从库尔出发，搭乘直达火车，约 2 小时。

不过通往施库奥尔的铁路有时会因维修而中断，火车只能坐到阿尔德茨便需转搭 19 号巴士。详细时刻表即列车运行状况请参见瑞铁官方网站。

市区交通

施库奥尔市区的景点大都可以步行到达，火车站到市区距离为 1 千米，步行约 10 分钟可达。市区内也有邮政巴士可供搭乘。

旅游咨询

游客服务中心

Stradun , 7550 Scuol

(0)81 861 2222

5 月中旬至 6 月上旬周一至周五 8:00–12:00、13:30–18:00，周六 9:00–12:00、13:30–17:30，周日 9:00–12:00；6 月上旬至 10 月下旬周一至周五 8:00–18:30，周六 9:00–12:00、13:30–17:30，周日 9:00–12:00；10 月下旬至 12 月中旬周一至周五 8:00–12:00、13:30–18:00，周六 9:00–12:00（周日休息）

www.scuol.ch

精华景点

施库奥尔老城
(Scuol Old Town)

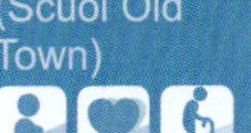

- 地址：Scuol Old Town
- 交通：步行
- 时间：全天
- 价格：免费

施库奥尔所保存的传统罗曼建筑文化，就在老城里完整呈现，这里的每栋房舍都拥有独一无二的壁画。仔细观察，墙上还有几何图形的雕饰，相当精美。

令人惊艳的还不止于建筑本身，来到施库奥尔的游客一定都会被这里奔放艳丽的花朵所吸引，据当地人说，施库奥尔的夏天非常短暂，仅 6 月到 9 月的时间是夏季的气温，这里的人们总喜欢趁着阳光充足种植各种花卉，也让施库奥尔老城更多了一股活力与朝气。

塔拉斯普城堡
(Chastè da Tarasp)

星级推荐

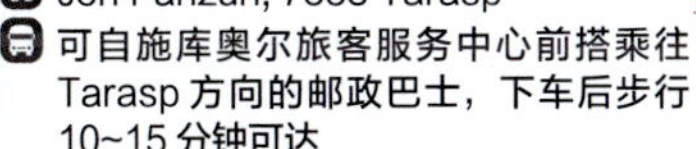

- 地址：Jon Fanzun, 7553 Tarasp
- 交通：可自施库奥尔旅客服务中心前搭乘往 Tarasp 方向的邮政巴士，下车后步行 10~15 分钟可达
- 电话：(0)81 864 9368
- 时间：5 月下旬至 7 月上旬导览时间为 14:30、15:30，7 月中旬至 8 月下旬导览时间为 11:00、14:30、15:30、16:30，8 月下旬至 10 月下旬导览时间为 14:30、15:30。圣诞节到复活节之间仅周二及周四的 16:30 提供导览
- 价格：成人 12 瑞士法郎，6~16 岁儿童 6 瑞士法郎
- 网址：www.schloss-tarasp.ch
- 注意：仅开放导览参观

这座建于 1040 年的塔拉斯普城堡，距离施库奥尔市区仅 10 分钟的车程，矗立在山头上的雄伟建筑，一眼就能被认出来，也因此成为下恩加丁地区的著名地标。

塔拉斯普城堡至今仍属于私人城堡。塔拉斯普城堡仅开放导览参观，整个行程为 45 分钟，不过解说是以德文为主，有需要的话另提供英文及意大利文翻译。夏天时，城堡也会举办一些音乐晚会的表演节目，让人仿佛置身在中世纪城堡的晚宴当中，非常浪漫，有兴趣的游客可询问当地旅客服务中心。

瑞士国家公园

(Parc Naziunal Svizzer)

Chastè Planta-Wildenberg, 7530 Zernez（国家公园游客中心 National Park Zentrum）

从施库奥尔搭乘 RhB 系统火车，约 32 分钟可达策尔内兹（Zernez）；由圣莫里茨出发，则需在萨梅丹换车至策尔内兹，约 46 分钟可达。由策尔内兹前往国家公园，可在镇上邮局前搭乘邮政巴士前往园内各站

(0)81 851 4141

国家公园中心：春季（3 月中旬至 5 月中旬）周一至周五 9:00-12:00、14:00-17:00，夏季（5 月中旬至 10 月下旬）每天 8:30-18:00，冬季（11 月至次年 3 月上旬）周一至周五 9:00-12:00、14:00-17:00 圣诞节假期：周一至周六 9:00-17:00，周日 14:00-17:00（3—5 月、11 月至次年 3 月上旬的周六、日休息）

成人 7 瑞士法郎，6~16 岁儿童 3 瑞士法郎，6 岁以下儿童免费。进入国家公园游客中心免费。可使用瑞士通票

www.nationalpark.ch

国家公园内提供餐饮的服务点相当少，若计划较长时间的健行活动，最好自行准备所需的食物及饮用水。此外，一定要遵守国家公园内的规定，游客必须沿着步道行走，不得擅自进入保护区内，亦不可随意折损花木或丢弃垃圾

必游之地 MUST-VISIT PLACES

对高山植物、动物有兴趣的朋友，一定不能错过瑞士国家公园。这座国家公园不仅是瑞士唯一一座国家公

园，更是全欧洲最早设立的国家公园。园内的生态环境在长期的保护下，显得生气蓬勃，更成为亲近大自然、观察阿尔卑斯高山生态的最佳地点。

瑞士国家公园海拔为1400～3200米，目前已规划了21条时间、难度各异的登山健行路线。而国家公园游客中心也有售卖园内完整的健行导览、地图集，同时提供最新的国家公园天气、游程、步道信息、国家公园简介影片等，建议在前往国家公园之前先来这里获取信息。

推荐路线路程约为2小时，起点和终点皆有邮政巴士站通往国家公园服务中心。沿途的高山植物，不仅为青山增添色彩，更吸引了昆虫，好不热闹。穿过小径，突然间豁然开朗的大草原，让疲惫的步伐顿时轻快不少。看着躺卧一旁欣赏浮云飘过的游客，不禁让人感叹："好一幅夏日即景。"沿途流经的山间泉水，接引至树干做成的小泉池，掬一捧清冽的泉水饮用，果然透心冰凉，令人精神为之一振。夏天在这条路上眺望山边，可以见到赤鹿与岩羚羊出没，建议携带望远镜来寻找动物们的踪迹。漫步在被松树林包围的健行路线上，微风轻拂，但此段下坡路线坡度较陡，需特别留意。而位于此条路线终点站的Il Fuorn旅馆，不仅是游客们休憩的歇脚亭，也提供过夜的登山客舒适安稳的住宿地。

本图书是由北京出版集团有限责任公司依据与京版梅尔杜蒙（北京）文化传媒有限公司协议授权出版。

This book is published by Beijing Publishing Group Co. Ltd. (BPG) under the arrangement with BPG MAIRDUMONT Media Ltd. (BPG MD).

京版梅尔杜蒙（北京）文化传媒有限公司是由中方出版单位北京出版集团有限责任公司与德方出版单位梅尔杜蒙国际控股有限公司共同设立的中外合资公司。公司致力于成为最好的旅游内容提供者，在中国市场开展了图书出版、数字信息服务和线下服务三大业务。

BPG MD is a joint venture established by Chinese publisher BPG and German publisher MAIRDUMONT GmbH & Co. KG. The company aims to be the best travel content provider in China and creates book publications, digital information and offline services for the Chinese market.

北京出版集团有限责任公司是北京市属最大的综合性出版机构，前身为1948年成立的北平大众书店。经过数十年的发展，北京出版集团现已发展成为拥有多家专业出版社、杂志社和十余家子公司的大型国有文化企业。

Beijing Publishing Group Co. Ltd. is the largest municipal publishing house in Beijing, established in 1948, formerly known as Beijing Public Bookstore. After decades of development, BPG has now developed a number of book and magazine publishing houses and holds more than 10 subsidiaries of state-owned cultural enterprises.

德国梅尔杜蒙国际控股有限公司成立于1948年，致力于旅游信息服务业。这一家族式出版企业始终坚持关注新世界及文化的发现和探索。作为欧洲旅游信息服务的市场领导者，梅尔杜蒙公司提供丰富的旅游指南、地图、旅游门户网站、App应用程序以及其他相关旅游服务；拥有Marco Polo、DUMONT、 Baedeker等诸多市场领先的旅游信息品牌。

MAIRDUMONT GmbH & Co. KG was founded in 1948 in Germany with the passion for travelling. Discovering the world and exploring new countries and cultures has since been the focus of the still family owned publishing group. As the market leader in Europe for travel information it offers a large portfolio of travel guides, maps, travel and mobility portals, apps as well as other touristic services. It' s market leading travel information brands include Marco Polo, DUMONT, and Baedeker.